# 30년전략

최고의 인생을 위한 최선의 전략 30

# 30년전략

| 김기홍 지음 |

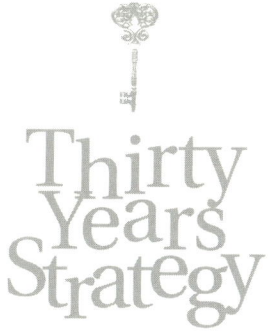

Thirty
Years
Strategy

Pegasus
페가수스

30년!

사람의 삶을 한 평생이라고 한다. 하지만, 어떤 사람이건 자신의 인생을 실질적으로 설계하고 만들 수 있는 기간은 30년 정도에 불과하다. 한 사람의 사회인으로 자리잡은 뒤, 뜻있게 활동할 수 있는 기간이 어느 정도인지 생각하면 이 말의 의미를 쉽게 이해할 수 있다. 아쉽지만 우리의 실제적 삶의 기간은 30년에 지나지 않는다.

이 책은 그 30년에 관한 책이다. 하지만 그 30년의 연대기를 그저 나열하려 한 것은 아니다. 대신 그 30년을 어떻게 하면 감동적으로, 그리고 성공적으로 살아갈 수 있는지 그 방법을 찾아보려 한 것이다. 그런 의미에서 이 책은 당신의 성공을 위한 책이다.

미안하지만 성공을 향한 아주 구체적이고 직접적인 방법만을 원한다면 이 책은 당신을 위한 책이 아니다. 이 책에는 특효약과 같은 성공 처방전이 없다. 하지만 자신의 삶에서 성공이 어떤 의미를 가지는지, 자신의 삶에서 그 성공을 이루어내는 영혼의 자세가 어떠해야 하는지, 그래서 자신의 삶에서 성공 그 이상의 것을 어느 정도 바라고 있는지, 영혼 깊은 곳으로부터 하나하나 돌이켜보고 싶다면 이 책은 바로 당신을 위한 것이다. 당신이 원하는 성공 그 이상의 것, 이게 이 책의 목표다.


전략!

자신이 원하는 바를 얻기 위해서는 자신이 어디에 있는지, 자신이 무엇을 하고 있는지, 자신이 무엇인지 알아야 한다. 전략이란 그것을 하나하나 알아가는 지혜, 그리고 그 지혜를 자신의 삶 속에서 구체적인 행동으로 옮기는 결단을 의미한다.

　이 책은 그 전략의 출발점으로 우리가 살고 있는 이 세계의 변화를 대상으로 한다. 그것이 이 책의 1부다. 이 세계가 바뀌어가고 있는 모습을 보노라면 현기증이 날 때가 한 두 번이 아니다. 그 현기증을 여러분에게 전하고 싶다. 그래서 자신이 딛고 서 있는 자리가 결코 안전한 자리가 아니라는 것을 알았으면 한다. 2부는 그런 세상에 도전하기 위한 자세를 담고 있다. 모험과 감동으로 가득 찬 삶을 위해 자신의 마음 한가운데 어떤 우물과 방이 있어야 하는지를 설명하고 있다. 정말 진부한 말이지만 삶에서, 성공을 무엇이라 정의하건, 우리 함께 성공하자. 3부는 성공 그 이상의 것을 말한다. 독자들의 가슴에 가 닿기 위해 마음의 평화라고 했지만 사실 마음의 평화는 그 일부분일 수도 있다. 이미 알고 있겠지만 삶에는 성공이라 부르는 그 이상의 것이 있다. 최소한 그 정도가 우리의 바라는 것이어야 한다.

나름의 논리가 있어 1부, 2부, 3부를 구분하였지만 독자들은 그 순서를 뛰어넘어 자유롭게 어느 장을 먼저 읽어도 좋다. 책을 펼쳐 나오는 그 장면 그 장이 바로 여러분의 출발점이 될 수 있다.

이 책의 저자라고 내 이름이 나와 있으니 외견상 내가 이것을 쓴 것은 맞다. 하지만, 잠 못 이루는 밤, 혹은 지치고 힘들어 어딘가 기대고 싶을 때 내가 이 책의 내용들로 위안을 받으니 이 책은 내가 쓴 것이 아니라, 단지 나를 통해 쓰여 졌을 뿐이다. 이 책에 나오는 동서양의 고전들과 사람들, 일화들이 어찌 나의 고유한 것이겠는가.

　　부산 국제신문의 박성권 국장님, 박창희 부장님 그리고 문화부 기자님들께 고마움을 전한다. 이 분들의 배려로 지난 1년간 매주 월요일 이 책의 내용을 국제신문에 연재할 수 있었다. 페가수스의 박경수 사장께도 고마움을 전한다. 인생의 새 지평을 열어가는 지금, 이 책의 원고를 기다린 수고로움이 부디 보답을 받았으면 한다.

　　이 책을 쓰는데 지난 1년이 걸렸다. 하지만 그 내용들을 위해서는 내 지나온 모든 삶이 필요했다. 그런 경험들이 곳곳에 배어 있다. 아직 나는 앞서 말한 30년의 삶을 다 채우지 않았기에, 나 역시 지금도 감동적이고 성공적인 삶을 향해 나아가고 있다. 그러니 이 책은 독자들을 위한 책이면서 또한 나 자신을 위한 책이기도 하다.

　　지난 1년은 나에게 힘든 소풍이었다. 이제 내 본업으로 돌아가야 한다. 김훈 식으로 말하자면 이렇다. "이제 밥벌이하러 가야 한다."

김 기 홍

| 차례 |

# 3부 30년의 평화

## |프롤로그| 인생의 팍팍함을 넘다

세상에 살면서 허둥지둥하지 않는 것만으로는 아직 모자란다. 때로는 폭풍처럼 휘몰아치며 세속의 티끌 속에 달리되 거기에 물들지 않는 사람, 마음을 거울처럼 쓰는 사람. 그런 사람. 일컬어 지인(至人), 신인(神人)이라 한다. (이현주의 『장자산책』중에서)

그 분(신神)을 아는 길은 가부좌 틀고 앉아있는 것이 아니라 초연한 정신으로 일을 하는 것이다. (마하트마 간디)


### 인 생 의  실 마 리

전기밥통 속에서 밥이 익어가는 그 평화롭고 비린 향기에 나는 한평생 목이 메었다. 이 비애가 가족들을 한 울타리 안으로 불러 모으고 사람들을 거리로 내몰아 밥을 벌게 한다. 밥에는 대책이 없다. 한 두 끼를 먹어서 되는 일이 아니라 죽는 날까지 때가 되면 반드시 먹어야 한다. 이것이 밥이다. 이것이 진저리나는 밥이라는 것이다. … 모든 밥에는 낚싯바늘이 들어있다. 밥을 삼킬 때 우리는 낚싯바늘을 함께 삼킨다. 그래서 아가미가 꿰어져서 밥 쪽으로 끌려간다. 저 쪽 물가에 낚싯대를 들고 앉아서 나를 건져 올리는 자는 대체 누구인가. 그 자는 바로 나다. (김훈의 글 중에서)


'한국 문단에 벼락처럼 떨어진 행운' 이라는 김훈. 그는 아날로 그 작가다. 원고를 쓸 때면 컴퓨터 대신, 자신의 이름이 새겨진 원고지와 몽당연필, 지우개를 가지고 책상에 앉아 자신의 마음속을 비집고 휘젓는다. 그의 작품에 찬사를 보내고 놀랍다는 칭송이 자자할 때면 그는 내뱉듯 한마디 한다. "내 밥벌이야." 자전거 여행이라는 책을 출간한 뒤에도 역시 같은 말을 한다. "이제 많이 놀았으니 밥벌이 하러 가야겠다."

생경한 관념어로 독자들의 상상력을 빌리지 않더라도 그의 글은 그의 생활만큼이나 팍팍하다. 쉽게 말하자. 그는 살아가는 일이 결코 고상하지 않음을 안다. 하루 세끼 '밥 먹는 일'이 정말 '빌어먹을 일'이라는 것을 안다.

하지만 그가 밥벌이 타령을 한다고 해서 근근이 먹고 사는 것으로 오해해서는 안 된다. 인세로 생활할 수 있는 몇 안 되는 한국 작가 중 한 사람이 바로 그다. 그가 밥벌이를 강조하는 것은 그게 살아가는 일의 출발점이 되기 때문이다. 기초가 되기 때문이다. 기초가 되어있지도 않으면서 이러쿵저러쿵 변설辯舌을 울리는 사람은 '세상이 어떻게 움직여가는 지' 모르는 천둥벌거숭이나 마찬가지다.

그래서 이렇게 말하려 한다. 밥벌이의 지겨움과 어려움. 좀 고상하게 말해 살아감의 팍팍함을 아는 사람만이 나와 함께 이 자리에 앉자고. 초연한 삶이니, 지인至人이니 신인神人이니 하는 고상하고 추상적인 단어를 함께 논하기 전에 시시껄렁한 전자밥통의 밥 냄새부터 같이 가슴으로 들이키자고. 김훈은 또 이렇게 말한다. "그러나 우리들의 목표는 끝끝내 밥벌이가 아니다. 이걸 잊지 말고 또다시 각자 핸드폰을 차고 거리로 나가서 꾸역꾸역 밥을 먹자. 무슨 도리가 있겠는가. 아무 도리가 없다." 하지만 나는 여기에 한마디를 더하고 싶다. 아무 도리가 없더라도, 아니 도리가 없으니, 차라리 그 도리를 만들어보자고. 밥벌이의 지겨움에 육두문자가 나오고, 윗사람과 옆사람의 행패에 "퉤퉤" 아무데나 침을 뱉고 싶더라도 한 순간만 참고 이 자리에 앉아보자고, 그래서 그 팍팍함 속에서 팍팍함을 뛰어넘는 실마리를 찾아보자고 말이다.


## 상　상


제대로 살기 위해서는 두 가지를 해야 된다고 봐요. 하나는 상상하는 거고, 또 하나는 부딪쳐야 되는 거죠. 요즘은 포스트모더니즘 시대라고 하잖아요. 모더니즘 이후의 사회에서 제일 중요한 게 뭐냐면, 상상이에요. 근데 많은 분들이 상상을 펼치지 못하는 이유가 그게 현실적으로 안 될 것 같다는 염려 때문이거든

요. 그래서 제한받지 말고 상상하는 것이 참 중요하다고 생각해요. 두 번째는 부딪치는 거죠. 그러니까 직접 체험하고 경험해보는 걸 말하죠. 교육에서도 '상상'과 '경험'을 강조하고 많이 가르쳐줘야 된다고 생각합니다.(월간「디자인」에 실린 민들레영토 지승룡 대표의 말 중에서)

민들레영토. 참 특이한 카페다. 어머니의 포근함이 깃든 휴식 공간, 이야기하거나 공부하면서 음료수를 무한정 마실 수 있는 공간, 독특한 인테리어를 자랑하는 공간. 무엇으로 표현해도 좋다. 지금까지의 카페나 커피숍이 가지지 못한, 혹은 제공하지 못한 기능을 제공하면서 들불 번지듯 전국에 문을 연 공간. 이런 민들레영토의 성공 요인을 전직 목사인 지승룡 씨는 '상상'과 '경험'이라는 두 단어로 말한다.

　상상이란 생각이다. 생각함이 그 시발이다. 그리고 그 생각함이란 정말, 정말 힘을 가지고 있다. 생각만으로, 상상만으로 가시적인 결과가 나오는 것은 아니지만 세상의 어떤 위대한 것도, 아니 이 지구상의 아무리 조그만 업적이라도, 그 출발과 시작은 생각과 상상이었다. 누구나 다 안다. 하지만, 극히 일부의 사람을 제외하고는 아무도 그것을 제대로 실천하려 하지 않는다.

삶이 팍팍할수록, 밥벌이가 지겨울수록, 전자밥통의 밥 냄새에 학을 뗄수록 어디 골방에라도 틀어박히든가, 등산화를 끌고 산 속이라도 헤매면서 그 팍팍함을 뛰어넘을 생각이라도, 상상이라도 해야 하지 않는가. "뭐 자연스럽게 생각해보면 돼요. 학교 다닐 때 교수님들이 팀 과제를 주시는데, 함께 공부할 방이 필요하더라고요. 근데 없잖아요. … 그러니까 학생들이 공부방이 필요하겠다는 생각을 했죠. 또 얘기하다 보면 목마르잖아요. 그러니까 음료수를 여러 번 주면 좋겠다는 생각을 한 것이고요." 민들레영토의 출발은 이러했다. 당신은 이 정도도 할 자신이 없는가.

## 부 딪 침

하지만 꿈꾸는 것, 생각하는 것, 상상하는 것만으로는 안 된다. 어디 초염력이라도 가져서 머릿속의 꿈을 병아리가 계란을 깨고 나오듯 환골탈태하게 만들 수 없는 한, 상상 그것만으로는 안 된다. 그 상상과 꿈은 에너지니 그 에너지를 현실에 쏟아 붓지 않고서는 상상과 생각을 물物로 바꿀 수 없다. 그러니 부딪혀야 한다.

그 부딪침은 멧돼지가 고구마 가득한 밭으로 돌진하는 그런 무모함이 되어서는 안 된다. 혹은 구름 한 점 없는 하늘에 기우제 지내듯 맨 땅에 헤딩하는 우직함이 되어서도 안 된다. 더 나아가 언젠가 왕이 되겠다는 꿈만 가지고 있다가 죽을 무렵에야 '짐(朕)이 붕어(崩御)하신다'고 외치는 코미디가 되어서는 더더욱 안 된다.

개인이건, 기업이건, 지방정부건, 중앙정부건, 사람과 사람이 어떻게 얽히게 되는지, 물物과 물物이 어떻게 상호작용하는지, 더 나아가 사람과 물物이 어떻게 변증법적으로 변해 가는지, 그 과정과 법칙과 질서를 이해하고 부딪쳐야 한다. 하지만, 그 부딪침은 상상과 꿈과 일정한 피드백을 가져야 한다.

컴퓨터달린 불도저가 각광받는 시대는 지나갔다. 이제는 GPS와 유비쿼터스로 무장한 SUV가 각광을 받는 시대다. 엉덩이에 종기가 생길 때까지 책상에 앉아 공부하는 것이 미덕인 시대 또한 사라졌다. 차라리 각종 전시회와 기술의 변화를 보고 세상이 바뀌는 현장에서 가슴을 치고 느끼는 것이 미덕인 시대다. 그러니 지금은 12라운드를 겨루는 권투의 시대가 아니라 3라운드에 모든 것이 끝나버리는 K-1의 시대인 것이다.

## 인 생 의  비 전 과  전 략

모든 시작은 떨림이다. 가슴 떨림을 내포한다. 아니 그 떨림이 있어야 시작이 시작다워진다. 나는 '비전과 전략'이라는 독자들과의 대화를, 그 떨림을 '상상'과 '부딪침'이라는 두 단어를 세우는 것으로 시작하려 한다. 눈 밝은 독자는 이미 알아차렸겠지만, 그 상상은 '비전'이고 그 부딪침은 '전략'이다.

하지만 그 비전과 전략을 하나하나 풀어나가기 전에, 삶의 팍팍함을 아는 당신에게, 살아감의 괴롭고 비겁함과 고난함을 아는 당신에게 짧은 시 한 편을 건네려 한다. 그리하여 같이 나눔으로 이 시작을 마치고자 한다.


딸아, 잠시 후면 바람이 불고
잠시 후면 날이 기울고 그림자가 갈 때
이 젊은 애비가 붙들고 있는
거친 들을 너는 보게 될 것이다
아직 세상의 아무 이름도 갖지 않은 딸아
네가 가질 바다와 숲과 땅에
어찌 북풍으로 그 품을 채우겠느냐

가을은 언제나 노루와 들사슴으로
우리에게 부탁하더라
오직 우리의 살이 아프고 마음만 슬플 뿐이더라
딸아, 빛은 어두운데 가깝다 하는구나
이 애비가 너와 함께 어느 때까지 말을 찾겠느냐
(김종철의 시 '딸에게 주는 가을')

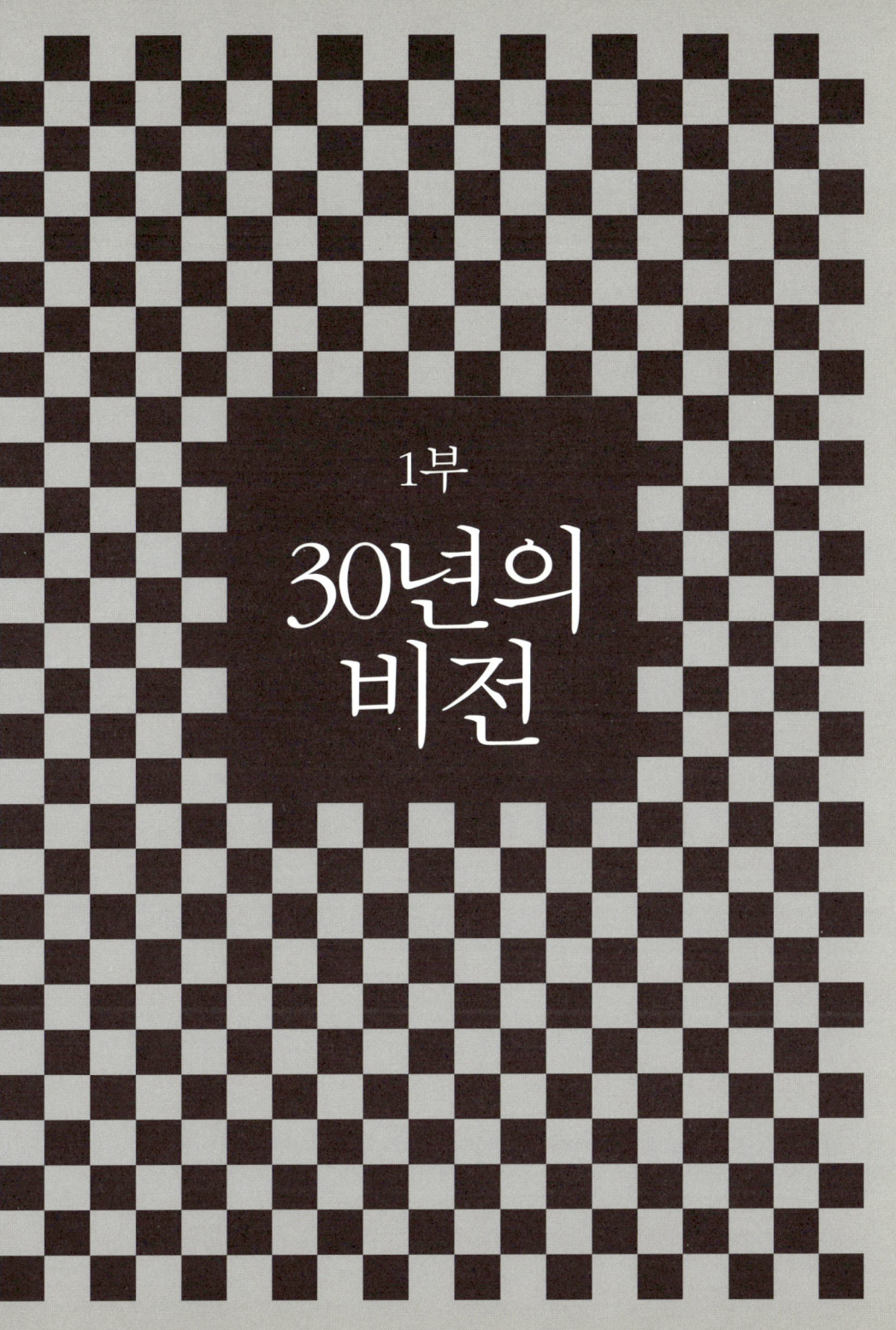

1부

30년의
비전

세상은 변하고 있다. 이걸 모르는 사람은 없다. 하지만 '어떻게' 변하고 있느냐는 물음에 제대로 답할 수 있는 사람은 얼마나 될까? 1부는 바로 이 '어떻게' 라는 물음에 답하기 위해 마련되었다. 하지만 '어떻게' 라는 것에만 한정한다면 구태여 이 책을 볼 필요는 없다. 무수히 많은 정보가 곳곳에 도사리고 있기 때문이다. 그러나 그 많은 정보에도 불구하고 이 '어떻게' 를 '독자 여러분의 삶' 과 연결 지어 말하는 혜안 혹은 통찰력은 쉽게 찾기 힘들다. 외람되지만 1부는 바로 이 '어떻게' 를 '여러분의 삶' 과 연결하려 한 것이다. 제대로 살기 위해서는 무엇이 어떻게 변하고 있는지 구석구석 알아야 하기 때문이다. 그래서 우선 10가지의 가장 큰 키워드를 추렸다.

**변화, 상상, 디자인, 소프트, 속도, 퓨전, 차이, 명품, 부, 세계화.**

어느 키워드가 가장 마음에 다가오는가? 혹은 다가오지 않는가? 열 손가락 깨물어 아프지 않은 손가락이 없듯, 이 10개의 키워드는 모두 다 중요하다. 하지만 나와 여러분의 비전과 삶을 위해 꼭 하나의 키워드를 선택하라면 조심스럽게 '변화' 를 꼽고 싶다. 변하지 않으면 망하기 때문이다. 정말이다.

변하지 않으면 더 많은 것을 얻지 못하는 것이 아니라 자신의 생명과 존재를 유지할 수 없기 때문이다. 두 개의 키워드를 선택하라면 '변화'와 '상상'을 꼽고 싶다. 상상을 통해 새로움을 만들어낼 수 있기 때문이다. 상상의 힘을 더하지 않고서는 변화가 힘을 발휘할 수 없기 때문이다. 세 개를 선택하라면 여기에 '디자인'을 추가하고 싶다. 디자인하지 않으면 누군가로부터 디자인당하기 때문이다. 상품 디자인만을 말하는 것이 아니다. 스스로 자신의 인생을 디자인하지 않으면 다른 사람이, 시대의 흐름이 여러분을 디자인하고 만다.

거듭 말하지만 이런 선택은 어디까지나 상대적이다. 물고 물리는 이 세상에서 다른 7개의 키워드도 이 3개의 키워드와 마찬가지로 중요하며 혹은 이 3개의 키워드와 긴밀히 연계되어 있다.

이제 여러분의 비전 정립을 위해 이 세상의 변화를 가늠할 수 있는 10개의 키워드에 대한 여행을 시작하자. 필요한 것은 세상과 세상의 움직임에 대한 여러분의 끝없는 '호기심'이다.

# 전략 01 변화_ 망하지 않으려면 바꿔라

> 살아남는 종(種)은 가장 강인한 종도 아니고 지적 능력이 가장 뛰어난 종도 아니다. 변화에 가장 잘 대응하는 종만이 살아남는다. (찰스 다윈)
> 궁하면 변하고, 변하면 통하며, 통하면 오래 지속된다. (계사전)

## 앞 으 로 의  1 0 년

2020년이면 정보의 시대가 끝나고 지식 이상의 가치와 목표를 중시하는 '영감의 시대'가 올 것이다. (윌리엄 하랄 조지워싱턴대 교수)
아이콘과 심미적인 경험들로 이루어진 '꿈의 사회'가 정보, 지식 사회 이후의 미래 모습일 수 있다. (짐 데이토 하와이대 교수)
제1의 물결은 농업혁명, 제2의 물결은 산업혁명, 제3의 물결은 서비스, 지식산업의 혁명이다. 제4의 물결은 이 모든 것을 뛰어넘는 '생각의 혁명'이다. (앨빈 토플러)

영감의 시대, 꿈의 사회, 그리고 생각의 혁명. 앞으로의 10년이 어떤 방향으로 변모할지 보여주는 핵심 단어이다. 그 중에서도 가장 인상적인 것은 '꿈의 사회'다. 꿈의 사회란 '경제의 모든 영역에서 꿈과 상상력이 가장 중요한 요인이 되는 사회'를 의미한다. 자본과 노동이라는 과거의 생산요소, 기술과 정보라는 현재의 생산요소를 뛰어넘어 미래에는 상상력과 꿈이 가장 중요한 생산요소가 된다는 얘기다.

이런 생각은 앨빈 토플러가 말하는 제4의 물결 즉, '생각의 혁명'이라는 개념과 일맥상통한다. 지식산업의 혁명을 넘어 생각의 혁명이 미래사회를 만드는 원동력이 된다는 것이 그의 얘기다. 생각의 혁명이 완성될 경우 그 시대는 하랄 교수가 말한 대로 영감의 시대로 접어들게 된다. 당연히 상상력, 이미지, 창의성, 문화, 예술, 게임, 스포츠, 윤리, 철학 등이 중요하게 된다. 정말 그럴까? 우리는 그 조짐을 변화의 아이콘이라는 두바이에서 이미 감지하고 있다.

## 변 화 의   아 이 콘   두 바 이

"불가능한 것은 없다. 당신은 상상을 하라. 우리는 이루어내겠다." 두바이의 지도자 세이크 모하메드가 두바이를 건설하면서 내건 구호다. 빈 말이 아니라 모하메드는 정말 상상 속에서만 가능했던 것을 현실로 만들어 놓았다.

세계 최초의 7성급 호텔이라는 '버즈 알 아랍'. 인공 섬 위에 위치한 이 호텔은 바다 쪽으로 향한 돛대 모양의 형상을 하고 있어 눈

❶ 버즈두바이
❷ 팜아일랜드
❸ 하이드로폴리스
❹ 버즈알아랍

길을 끈다. 이 호텔을 구경하는 입장료만 100달러다. 인공적으로 만든 섬들을 통해 세계지도를 형상화한 '더 월드'. 300여 개의 섬으로 이루어진 더 월드는 가격을 떠나 '나만의 섬을 가지고 싶다는 꿈'을 현실로 만들어주고 있다.

이뿐 아니다. 모든 입주자들에게 주거, 관광, 휴양을 함께 제공하는 '팜 아일랜드'. 두바이의 상상력과 창의력을 대표하는 섬이다. 세계 최초의 수중호텔이라는 '하이드로폴리스'. 해변에서 200미터 떨어진 수심 20미터의 해저에 위치한 220개의 객실이 바다 속 풍경을 보여준다. 사막에서 스키를 타는 '스키 두바이'. 사막 위에서 진짜 눈을 밟으며 스키를 탄다는 아이디어는 정말 기발하다. 우리나라 63빌딩의 3배에 달하는 높이를 자랑하는 '버즈 두바이'. 제2의 바벨탑이라 불릴 정도로 세계에서 가장 높은 700미터의 빌딩. 어찌 이런 것이 가능할 수 있을까?

찬사는 그치지 않는다. 말 그대로 두바이에서 건설되고 있는 것은 탁월하다. 하지만 그보다 더 탁월한 것은 그것을 상상할 수 있었던 꿈꾸는 능력, 그것을 실현 가능하다고 생각할 수 있었던 한 사람의 뛰어난 태도다. 그러니 상상력, 꿈, 그리고 태도가 두바이의 현재와 미래를 바꾸어 버린 셈이다.

## 한 도 시 의 변 화

스페인 빌바오에 있는 구겐하임 미술관을 들어보셨을 겁니다. 1980년대 빌바오
는 주력산업이던 제철, 철강, 조선업의 쇠퇴로 도시의 존립마저 위태로웠습니
다. 하지만 과감하게 구겐하임 미술관을 설립함으로써 도시 자체를 국제적인
문화관광 도시로 바꿀 수 있었습니다. 구겐하임 미술관을 둘러싼 해체주의니
포스트모던이니 하는 미술사조는 잊어도 좋습니다. 하지만 1억5000만 달러에
달하는 거금을 투자한 스페인 정부의 결단만은 잊지 말아주십시오. 지금 빌바
오는 연간 100만 명 이상이 방문하는 스페인 굴지의 문화도시, 관광도시로 거듭
났습니다. (필자의 칼럼에서 인용)


한 도시를 완전히 바꾸는 가장 좋은 방법은 무엇일까? 기업을 유치
하고, 금융기관을 끌어오고, 새로운 도시 인프라를 건설하는 것일
수도 있다. 하지만 이 디지털경제의 21세기에 도시를 바꾸는 가장
좋은 방법은 감성과 이미지, 그리고 문화에 호소하는 것이다.

1980년대 스페인의 빌바오는 침몰하는 함선과 같았다. 빌바오를
번성하게 했던 철강 산업이 쇠퇴하고 있었고 무장독립운동단체의
테러는 이 도시를 혐오의 장소로 만들고 있었다. 어떻게 하면 이 빌
바오를 바꿀 수 있을까? 고심 끝에 지방정부는 '문화'라는 아이콘
을 잡기로 결정했다. 프랑크 게리Frank O. Gehry라는 건축가를 투입하
여 20세기 최대의 예술작품으로 불리는 '구겐하임 빌바오' 미술관
을 건립했다. 티타늄과 석회석, 유리로 만들어진 이 미술관은 빌바

오라는 마을을 완전히 바꾸어 놓았다. 한 때 헤밍웨이가 '무덥고 추한 광산의 도시'라고 묘사했던 빌바오는 스페인 최대의 문화예술도시로 변했다. 세상은 그렇게 바뀌고 있다.

## 한 개인의 변화

나는 22년간 일했다. 그러니 한 2년 쉬어도 되는 것 아냐?" 했더니 눈이 둥그레졌다. 사실 멀쩡히 돈 벌며 가족을 부양하던 중년의 직업인이 2년간 쉰다는 것은 상상하기는 쉬워도 행하기는 어려운 일이다. 나에게도 그랬다. 8개월 전 이곳 자스퍼에 온 것은 거의 기적과 같은 일이었다. … 내가 휴식(변화)의 목마름을 이야기하면서 출국에 대한 꿈을 이야기할 때마다 친구들은 … '돌아와서 어쩔래?' 했다. (이성표의 『안식년 이야기』 중에서)

1980년대 초반부터 1990년대 중반까지 한국에서 손꼽히는 정상급 일러스트레이터로 활동하던 사람이 있었다. 하지만 그는 IMF 경제위기를 맞이할 즈음 자신의 내면에서 영감이 바닥난 것을 감지하기 시작했다. 대학과 대학원을 졸업한 뒤 25년 이상을 이 작업에 몰두해 왔으니 그럴 만도 했다. 영감의 고갈을 느낀 그는 어떻게 했을까? IMF 경제위기라는 살벌한 때, 언제 잘릴지 모르는 그 대책 없던 시절에 그는 과감히 직장을 포기하고 2년의 안식년을 갖기로 결정을 내린다. 그리고는 모든 가족들을 이끌고 캐나다의 로키산맥으로 날아간다. 그는 말한다. "자신의 내면에서 무언가의 변화가 있어야 한다."

안식년을 끝내고 돌아온 지금, 그는 자신의 변화를 감지하면서 이렇게 말한다. "너무 오랜 길을 돌아왔다. 내가 어디에 있어야 하는지 이제야 제대로 깨닫고 있다. 평화를 느낀다. 책을 읽으며 내면을 여행하는 이 시간, 마음에 얼마나 큰 기쁨이 있는지. 중용中庸의 반석에 앉은 느낌이다."

## 변 하 지  않 으 면  망 한 다

어느 날 아침, 잠에서 깨어 문득 귀를 기울이니, 어딘가 멀리에서 북소리가 들려왔다. 아주 먼 곳에서, 아주 먼 시간에서, 그 북소리는 울려왔다. 희미하게 들릴락 말락. (무라카미 하루키의 『먼 북소리』 중에서)
사막은 가장 멀리 떨어져 있는 미래를 들여다 볼 수 있는 창문 같았다. 어쩌면 내 안에 있는 사막도 함께 들여다 볼 수 있을 것 같았다. (라인홀트 메스너의 『내 안의 사막, 고비를 건너다』 중에서)

세상은 너무나 빠른 속도로 변하고 있다. 가만히 앉아 조용히 소리를 들으면 무라카미 하루키의 '먼 북소리' 처럼 세상과 사물이 바뀌는 속도가 들려오는 것 같다. 희미하게 들릴락 말락. 하지만 그 소리를 듣고 자신을 돌이켜 보니 슬프게도 '사막' 과도 같다.

변하지 않으면 망한다. 바꾸지 않으면 망한다. 대학 졸업장이, 사회적 지위가, 박사 학위가 마음의 평화와 번영을 담보하지 못한다. 이성표 씨처럼 무조건 어디론가 멀리 떠나라는 말은 아니다. 단지 무언가 변화가 필요하다는 그 생각 하나가 나를, 우리를, 여러분을 새로운 세계로 이끌 수 있다는 말이다. '털끝만한 마음의 차이가 천리만큼 다른 운명을 만들어내니' 변화하는 이 세상의 변화를 잡기에 게으르지 말고 그 변화를, 아무리 미세한 변화라도 가슴으로 안아라.

## ⓛ 상상_미래를 꿈꿔라

> 아브라함이 바랄 수 없는 중에 바라고 믿었으니 이는 네 후손이 이 같으리라 하신
> 말씀대로 많은 민족의 조상이 되게 하려 하심을 인함이니라. (로마서 4장 18절)
> 보이는 것은 나타난 것으로 말미암아 된 것이 아니니라. (히브리서 11장 3절)

### 준 초 이 와 사 진 집 '백 제'

내 가슴 한켠에는 아름다움으로 채워져 있는 조그만 방이 있다. 최근 들어 그 방
은 좀 더… 좀 더… 하는 미(美)에 대한 갈증을 느끼고 있었다. 그때 만난 백제는
짧은 순간에 나를 매료시켰다. 모든 미를 화려함에서 찾고 있던 내가 왜 허탈했
는지 백제와의 만남에서 알 수 있었다. 천 년의 시간의 축적과 더불어 만들어진
미는 나약한 한 인간의 머리를 숙이게 했다. 그들은 장식되어 있지 않았다. 채움
에서 비움으로 단순화한 그들의 미는 아름다움을 지나 우아함에 있었다. 백제반
가사유상의 얼굴, 코밑에서 시작해서 눈썹으로 거슬러 오르는 단순한 선은 몇 겹
을 거듭했을 인류의 복잡한 희로애락을 감싸 안는 조용한 미소였다. (준 초이)


국립부여박물관과 한길사가 공동으로 가로 450밀리미터, 세로 580
밀리미터, 무게 20킬로그램인 200만 원짜리 백제유물사진집 '백

제' 를 냈다. 흔히 볼 수 있는 사진집이려니 했다. 가격이 조금 비싸니 부려도 되지 않을 멋을 좀 부린 것이 아닐까 했다. 하지만 사진집을 보니 그게 아니었다. 누구도 백제의 유물에 대해 준 초이와 같은 상상력과 애정을 발휘한 적은 없었다.

32쪽의 사진을 보라. 금동대향로의 정상부분과 백제의 산하를 오버랩하고 있다. 그래서 봉황이 날개를 활짝 편 채 백제의 산하를 그윽이 응시하고 있다. 금동향로의 작은 머리 부분에 산하 전체를 굽어보는 넓음이 담겨있는 것이다. 하나의 감동이다. 백제 장인 예술가들의 상상력이 준 초이의 머릿속에서 새롭게 복원되고 있는 듯하다.

다음 사진도 마찬가지다. 금동미륵보살 반가사유상의 코 밑에서 눈썹으로 거슬러 오르는 선. 그 선은 진정 사람이 만든 것일까? 달리 말하자. 아니 그 선이 가지는 특징을 준 초이는 어쩌면 이렇게 선명히 드러낼 수 있을까? 마치 백제인들의 여유와 한과 달관의 미의식이 배어나오는 듯하다.

한 사진작가의 예술적 상상력이 오랫동안 무심히 지나쳐왔던 백제 유물의 아름다움을 다시 살아나게 했다. 고대미술을 전공하는 사람뿐만 아니라 일반인들도 백제 유물이 아름답다는 것을 익히 알고 있다. 하지만 그 아름다움을 예술적 상상력으로 새롭게 부활시켜 많은 사람들이 이에 공감하게 하는 것은 또 다른 영역의 일이

준 초이의 사진들

다. 준초이의 사진에 담긴 백제의 유물에서는 이전에 느끼지 못한 새삼스런 아름다움이 느껴진다. '아하 우리 백제의 유물에 이런 아름다움, 이런 감정이 스며 있었구나' 하는 찬탄을 금치 못하게 한다. 백제문화가 활짝 폈던 일본의 교토에서 느낀 슬픈 감정이 스르르 해소되는 것 같다.

상상력, 이 경우에는 예술적 상상력이 이런 일을 가능하게 했다. 하지만 예술에만 이런 상상력이 필요한 것이 아니다.

# 로봇, 트랜스포머, 아이파크

로봇은 그 태생부터가 상상력의 산물이다. 20세기 초 체코의 극작가 칼 차펙은 과학기술을 통한 노동해방을 꿈꾸며 로봇이란 개념을 만들었다. 로봇은 이처럼 상상력으로 창조된 존재이기 때문에 자동차, 비행기 등 필요에 의해 발명된 여타 문명의 이기와는 출발부터 달랐다. 이후 로봇 기술의 발전사는 인간의 상상력을 한 번도 뛰어넘지 못했고 앞선 로봇 기술은 로봇에 열정을 갖고 꿈꾸던 국가만이 갖게 됐다. 말하자면 과학적 상상력은 로봇 산업을 선도하는 견인차였던 것이다. (「전자신문」에서 인용)

일본이나 미국 등 로봇 강국이 가지는 특징은 매우 단순하다. 로봇에 대한 문화적 인프라가 튼튼하다는 것이다. 일본의 경우 우주소년 아톰이 그것이다. '푸른 하늘 저 멀리' 나는 로봇소년 아톰은 일본 어린이들의 가슴에 과학의 꿈을 심어주었다. 이후 마징가와 건담, 에반게리온으로 이어진 로봇 애니메이션의 계보는 일본인들의 과학적 감수성을 끊임없이 자극했고 지금까지도 일본 과학계에 영향을 미치고 있다. 그러니 일본 로봇 기술의 원천은 상상력이라 해도 과언이 아니다.

미국의 경우 '트랜스포머'라는 영화가 로봇 산업의 문화적 인프라를 대변한다. 인류보다 월등히 뛰어난 지능과 파워를 지닌 외계 생명체 트랜스포머. 이들은 정의를 수호하는 '오토봇' 군단과 악을 대변하는 '디셉티콘' 군단으로 나누어지는데 궁극의 에너지원인 '큐브'를 차지하기 위해 전쟁을 벌인다. 황당무계하지만 이런 영화가 미국 로봇 관련 산업을 일으키는 원동력이다.

한국은 어떨까? 미약하나마 성공적인 로봇제품을 만들기 위해서는 상상력이 기술력만큼이나 중요하다는 사실에 조금씩 눈뜨기 시작하고 있다. 한 예로 한국지능로봇산업협회는 문화콘텐츠 전문가를 주축으로 지능형로봇표준포럼을 설립해 운영하기 시작했다. 콘텐츠 전문가 심상민 교수는 말한다. "로봇이 꿈과 상상력이 만들어낸 산물이라고 본다면 창의성을 북돋우는 사회분위기 조성이 무엇보다 중요하다." 그러니 이제 한국은 로봇의 발전에는 기술보다 상상력이 더 중요하다는 것을 이해하기 시작한 것이다. 역설적으로 그게 한국이 지금까지 거둔 성과다.

하지만 우리 기업은 여기에 한 걸음 더 나아간다. 트랜스포머를 자신의 경쟁상대로 부각시키는 아이파크의 광고. 상상력을 광고의 모토로 내건 이 기업은 역설적으로 상상력이 어느 정도의 힘을 발휘하는지 일찌감치 이해하고 있는 셈이다. 'Think Innovation' 이 기업의 모토가 이제 이해가 간다. 개인이라고 다를 리 없다.


## 상 상 할 수 없 는 것 까 지 상 상 하 라

고수가 되려면 우선 상상력이 뛰어나야 해요. 상대의 의표를 찌르는 상상력 말이에요. 여기에 깊은 수읽기가 동반된 창의적인 국면 운영을 할 줄 알아야 해요. 그래서 전문가들은 판을 짠다는 표현을 써요. (프로기사 박영훈 9단)
만약 바둑의 신이 있다면 석점이면 두어 볼만 하지요. 하지만 목숨을 건다면 네 점을 두어야 하지 않을까요? (프로기사 린하이펑 9단)


상상력에 당신의 미래와 목숨이 달려있다. 과장이 아니라 실제 그렇다. 바둑의 예를 들었지만 당신이 어느 분야에 종사하건 당신의 미래를 결정하는 것은 당신의 상상력이다.

당신이 상상할 수 없는 것은 당신의 인생에 나타날 수 없다. 10억을 모을 꿈도 꾸지 않는 사람에게, 하늘에서 돈 벼락이 떨어지지 않는 한, 10억이 갑자기 생길 리 없다. 당신의 인생은 당신이 생각하는 그 범위를 결코 벗어날 수 없다. 미국에서 박사 학위를 딸 생각을 하지 않는 사람이 어느 날 갑자기 미국에 가서 공부를 시작하게 될 리 없다. 그러니 상상하라.

어느 분야에서건 진정한 고수라면 다른 사람들이 '아하' 하고 혀를 내두를 수밖에 없는 것을 상상할 줄 알아야 한다. 바둑의 묘수妙手가 그런 것이다. 전혀 예상하지 못한 상황에서 예상하지 못한 수가 나오는 것이다. 목숨을 걸고 바둑을 둘 때 네 점이 필요한 이유는 바둑의 신이라면 인간이 상상할 수 없는 신수神手와 기수奇手를 둘 수 있기 때문이다. 상상력에 차이가 나니 그것을 보완하기 위해 '한 점'을 더 놓을 필요가 있다는 것이다. 그러니 상상할 수 없는 것을 상상하라.

## 생 각 과   상 상

상상력이 중요하다고 하니 이렇게 대답하는 사람들이 있다. "뭐 맞
는 말이네요. 우리에게 부족한 것이 상상력이라고 하니 앞으로 상
상력이라는 단어를 가지고 다니면서 조금씩 생각해 보도록 하지
요." 김이 빠지는 답변이다.

   하지만 다시 힘을 내어 라이너스 폴링의 말을 빌려 말한다. "좋
은 생각을 얻는 최상의 방법은 많은 생각을 하는 것이다." 그러니
이런 반응이 돌아온다. "뭐 틀린 말은 아니네요." 낙담 그 자체인
발언이다. 이런 사람들을 위해 『마케팅 상상력』이라는 책에서 제
시한 구체적인 방법을 전하고 싶다.

   "(상상력을 키우기 위해서는) 카메라 폰을 들고 다녀라, 생각나
는 대로 시간 순으로 적어라, 영화와 비디오를 가능하면 많이 봐라,
마음에 맞는 사람과 말장난을 즐겨라, 베스트셀러가 아닌 책을 잘
골라 읽어라, 실패 사례를 많이 봐라, 다른 업종의 사람들과 많이
교류하라, 생물들의 움직임을 유심히 관찰하라, 아이디어를 위한
제3의 공간을 만들어라, 르네상스적 인간이 되라."

디자인_세상을 디자인 하라

디자인은 시대의 명령이고, 시간을 가꾸는 아름다움이며, 대중과 나누는 커뮤니케이션이자 엔터테인먼트다. 그래서 디자인은 예술이기도 하며 또한 산업과 관련되는 서비스이기도 하다. (스티븐 헬러)

## 디 자 인 하 라

영국 런던의 템즈 강변. 10년 전에는 볼 수 없던 원형 구조물이 눈에 띈다. 런던 아이(London eye)라 불리는 세계 최대 규모의 회전 관람차. 지어진 지 수백 년 된 고풍스런 건물을 배경으로 다소 엉뚱하게, 하지만 조화롭게 솟아있다. 런던 아이는 1999년 영국 정부가 뉴밀레니엄의 출발을 기념해 16개월에 걸쳐 1700명의 인원을 투입해 제작한 대형 프로젝트다. 지금은 파리의 에펠탑과 대비되는 런던의 명물로 자리 잡았다. 제조업을 대신해 창조산업을 육성하려는 영국 정부의 노력을 상징적으로 보여주는 건축물이다. (「한국경제신문」에서 인용)

해가 지지 않는 나라 영국. 하지만 그런 영광의 시대는 이미 지나갔다. 노쇠한 사자라는 비아냥거림마저 받았다. 그런 나라가 21세기에 접어들어 다시 일어서고 있다. 산업혁명의 종주국답게 중후장

대重厚長大의 굴뚝산업과 제조업으로 부활한 것이 아니라 아이디어와 이미지를 파는 디자인 산업으로 부활한 것이다. 시무어파월Seymourpowell과 탠저린Tangerine. 영국을 대표하는 세계적 디자인 전문회사다. 이 회사들은 삼성과 LG까지 포함한 전 세계 기업을 고객으로 확보하고 있다. 영국에는 이런 디자인 전문회사만 4000여 개에 이른다. 이들 회사는 2005년에만 46억 파운드(약 8조 원)의 매출을 올렸으며, 고용된 인원은 모두 7만1000명에 이른다. 게다가 이 숫자는 매년 늘어나고 있다.

세계 금융의 중심지라는 런던이 이제 세계 디자인의 중심도시로 변하고 있다. 어떻게 이런 일이 가능했을까. 개인도 아니고, 한 기업도 아니고, 한 도시도 아닌 한 나라가 어떻게 산업구조 전체를 이렇게 바꿀 수 있었을까?

"Design or Resign!" 대처 전 총리가 영국을 바꾸기 위해 내건 구호다. 이 말은 두 가지 의미를 가진다. 우선 '기업이건 산업이건 디자인을 중심으로 미래를 새롭게 구상하라'는 디자인 중시정책의 천명이다. 그 다음은 '그렇게 미래를 디자인할 수 없으면 (당신이 누구든) 그 즉시 그 자리를 그만두라'는 개인에 대한 도전이다. 대처의 이런 드라이브는 '멋진 영국Cool Britain'이라는 토니 블레어 총리의 슬로건으로 그 절정에 이른다. 그 결과는 우리가 익히 보고 있는 바와 같다. 한 국가가 이렇게 바뀌었고 달라졌다. 하지만 여전히 의문은 남는다. 왜 하필이면 디자인인가?

## 차 별 화 하 라

이제는 혁명을 일으킬 때다! 물론 혁명이 무섭도록 강렬한 어휘라는 것을 잘 안다. 그러나 나는 전쟁에서 사업에 이르기까지, 그리고 교육에서 보건 의료서비스에 이르기까지, 유례없는 변동을 겪어야만 하는 순간이 있다는 것도 잘 알고 있다. 그런 것들은 어쩌면 한 세기에 한 번 쯤이나 있을까 말까 한 대변화일 것이다. … 당신이 만약 혁명이라는 단어에 질겁하는 사람이라면 나는 당신의 미래가 심히 걱정된다. 당신의 커리어, 당신의 사업, 당신의 자녀, 당신의 국가, 당신의 나라가 걱정된다. (톰 피터스)

톰 피터스는 지난 20여 년 동안 어떤 기업이든지 살아남기 위해서는 새로운 상품을 개발하고, 그 상품을 만드는 모든 과정과 조직을 새롭게 해야 한다고 주장해 왔다. 그다지 새삼스러운 말은 아니다. 세계적인 기업의 CEO 치고 변화와 혁신을 강조하지 않은 사람이 없기 때문이다. 하지만 혁신과 변화를 외치던 톰 피터스가 21세기에 들어서는 그것을 넘어 '혁명'을 말하고 있다.

왜 그럴까? 왜 그는 모든 것을 송두리째 바꾸어야 하는 혁명을 강조하는 것일까? 아마도 21세기의 시대적 변화가 그렇게 만만치 않다는 뜻일 것이다. 지식과 정보로 대표되는 지식산업사회, 혹은 디지털경제사회는 이미 과거의 이야기다. 지금은 그 시대를 뛰어넘어 상상과 창조가 사회변동의 원동력이 되는 사회, 꿈의 사회로 접어들고 있다. 한발 뒤쳐지면 영원히 뒤쳐지고, 2등이 되면 평생 1등을 위해 봉사해야 하는 새로운 '질풍노도의 시대'가 왔다는 것이다.

그런 시대에 톰 피터스는 엉뚱하게도, 정말 진부하게도 브랜드와 디자인을 다시 들고 나온다. 누구나 다 안다고 하는 브랜드와 디자인이 이 시대의 화두라는 것이다. 새로운 질풍노도의 시대에 '기업의 브랜드는 모든 것Brand is everything'인데, 그 브랜드를 브랜드답게 만드는 것이 디자인이라는 것이다. 그래서 그는 "Unique Now or Never!"라고 말한다. 무슨 말일까? '지금', '바로', '이 자리'에서 자신을, 기업을, 국가를 경쟁자들과 달리 새롭게 차별화하라는 말이다. 그러지 않으면 영원히 뒤쳐질 수밖에 없다는 말이다. 정말 경쟁자를 이기는 디자인이 그렇게 중요할까?

## 디 자 인 이    먼 저 다

**질문** 디자이너가 멋진 디자인을 해도 생산파트에서 제대로 소화하지 못하는 경우가 많은데?

**답변** 전통적으로 독일 업체들은 디자이너와 생산 부문의 협력이 잘 돼 왔다. 상대적으로 미국 차는 생산의 뒷받침이 약한 편이다. 훌륭한 디자이너는 훌륭한 협상가다. 멋진 디자인이 제품으로 구현되도록 엔지니어들을 설득해야 한다. (피터 슈라이어, 기아차 디자인 총괄 부사장)

기술과 디자인, 어느 것이 먼저일까? 21세기 이전에는 기술이 먼저였다. 제품에 관한한 디자인은 새로 개발한 제품을 에워싸는 역할 밖에 하지 못했다. 하지만 이제는 디자인에 기술을 맞춘다. 디자인이 제품을 결정한다.

기아 자동차의 2007년 제품인 '씨드'와 '모하비'는 이에 대한 하나의 실례다. 개인적인 이야기지만, 나는 요즘의 기아차 광고를 사랑한다. 한때 부도설까지 나돌던 이 기업의 광고를 보니 철이 들어도 이만저만 든 것이 아니기 때문이다. '디자인, 디자인, 디자인 기아' '고객에 대한 생각을 디자인하라' 누가 기아차로부터 이런 콘셉트의 광고를 기대할 수 있었던가?

아르마니폰과 세린폰. 삼성전자의 기술력으로 만든 핸드폰이다. 하지만 어디에도 애니콜의 이름은 보이지 않는다. 아르마니와 뱅앤올룹슨의 디자인과 이미지를 따왔기 때문이다.

LG도 마찬가지다. 프라다의 이미지와 디자인을 따와서 프라다폰을 만들었다. 디자인 전문회사인 이노디자인은 아예 자신들의 디자인에 맞추어 제품을 생산하기로 했다. '선 디자인 후 접목'이라는 꿈을 이룬 것이다. 한 때 아이리버라는 MP3로 미국시장을 사로잡았던 그들이 스스로 먼저 디자인을 한 뒤 그것을 제품으로 만드는 것이다. 기업과 기술과 디자인은 그렇다. 그러면 21세기, 꿈의 시대, 질풍노도의 시대를 살아가야 하는 개인에게 디자인은 어떤

아르마니폰을 든
조르지오 아르마니

의미를 가질까?

## 디 자 이 너 가   돼 라

제일 좋아하는 말 중 하나가 '녹슬지 않는 사람' 이라는 거예요. … (녹슬지 않기 위해서는) 기본적으로 관심과 호기심이 있어야 해요. 관심이 없으면 일단 보이지가 않아요. … 호기심은 무한하게 널브러져 있는 사실, 즉 자신과 직접 관련이 없더라도 주변에 있는 사실에 대해 알고 싶어 하는 욕구겠지요. 호기심은 새로운 아이디어를 만들어내는 중요한 원천이 됩니다. (이해선, '태평양' 마케팅 담당 부사장)

디자이너가 돼라. 제일 명확한 말이다. 하지만 이 말을 요즘 각광받고 있는 SADI(삼성 디자인 학교)에 입학하거나, 런던이나 밀라노로 유학가라는 말로 이해해서는 안 된다. 예술과 철학, 그리고 시대의 흐름에 관심을 가지고 있다면 이들 학교로 가라. 하지만 힘겨운 일상을 살고, 졸업 뒤 당장 직업을 걱정해야 하고, 예술의 'ㅇ'도 모르는 젊은이에게 적성에 맞지도 않는 전문 디자이너가 되라고 하는 것은 무리다. 오히려 이 말은 '생각을 바꾸고 기존의 개념을 새로운 형태로 전환시켜 볼 수 있게 하는 능력'을 가지라는 말로 이해되어야 한다. 연세대 황상민 교수의 말처럼 "디자이너는 인간이 원하는 새로운 개념이나 가치가 무엇인지 파악하는 사람"들이기 때문이다. 그러니 디자이너가 되라는 것은 사물을 새롭게 보고, 어떤 경우에도 기존의 틀에 얽매이지 않는 자유로운 마음을 가지라는 말을 의미한다. 그게 디자이너다. 그게 한국 최고의 마케터라 불리는 이해선 사장이 말하는 '녹슬지 않는 사람'이다.

# 소프트_하드의 시대는 갔다

미래를 정확히 예측하는 것은 힘들다. 세상만사 우리가 예측한 대로 진행되는 것은 아니며, 미래로 나아가는 과정에서 미처 예상치 못한 많은 변화가 일어나기 때문이다. 그래서 이런 예상치 못한 변화를 바라보고 평가하기 위해서는 보다 뚜렷한 주관이나 시각을 가질 필요가 있다. 사고의 폭과 유연성은 그래서 필요하다. (앨빈 토플러)

## 콘 텐 츠 의   시 대

루이비통의 스테디셀러 가방 '스피디 30'은 명품치고는 가격(650달러)도 합리적인 편이다. 그러나 여성들은 이를 그다지 좋아하지 않았다. 무엇인가 부족했다. 물건을 넣고 빼기엔 편리하지만 디자인이 지나치게 단순하다는 것이다. 루이비통은 그 해결책으로 마크 제이콥스가 디자인한 '맨해튼 PM'을 내어놓았다. 그리고 우마 서먼을 광고모델로 기용했다. … 이 가방은 '스피디 30'과 생산원가가 비슷함에도 불구하고 비싼 가격(1450달러)에 불티나게 팔려나갔다. … 왜 그렇게 잘 팔렸을까? 그것은 '이 가방을 들고 뉴욕의 맨해튼을 걸어도 더 이상 촌스럽지 않다'는 스토리, 우마 서먼이 광고를 통해 보여준 그 스토리 때문이었다. (「한국경제신문」에서 인용)

사람들은 더 이상 어느 기업이 만든 제품을 기술이 뛰어나다는 이유로 사지는 않는다. 사람들은 이제 그 제품이 보여주는 이미지, 스토리, 콘텐츠를 산다.

올림푸스 카메라는 한국 시장 진입 초기에 카메라의 기술보다는 전지현을 내세운 '추억'으로 대박을 터뜨렸다. 이효리를 내세운 애니콜도 그런 범주다. 솔직히 말하면, 명품 가방의 원가는 생각하는 것만큼 그리 높지 않다. 하지만, 그 가방을 파는 사는 사람들은 단순한 가방을 사는 것이 아니라 그 가방으로 대표되는 이미지를 산다. 리모델링한 서울 신세계백화점의 포스트 모던한 루이비통 매장을 가보라. 고객은 그 매장의 이미지를 산다. 짝퉁이 팔리는 것도 바로 그런 이유다.

여자 친구에게 바람을 맞거나, 부인에게 핀잔을 듣는다면 그런

❶ 스피디30 ❷ 맨해튼PM

사람은 스토리 부족이다. 여친이나 부인이 바라는 것은 비싼 물방울 다이아몬드 반지나 페라리 같은 차가 아니다. 애정이 가득 담긴 문자에 멋진 와인 한 잔을 곁들인 저녁이면 족하다. 특히 그렇게 할 수밖에 없는 이유를 만들어낸다면 그것은 창조적인 컨텐츠다. 성공이 바로 눈앞에 보이는 것이다.

명심하자. "밥 도! 아는? 자자!"(이 말은 각각 저녁밥을 먹자, 아이들은 어떻게 지내니, 침대에 누워 잠을 자자는 경상도식 표현이다) 하는 식의 하드웨어적 무 콘텐츠의 시대는 갔다. 스토리, 콘텐츠가 바로 '소프트'다.

## 보 이 지   않 는   것 의   시 대

미국에는 현재 약 3800만 명의 완전히 새로운 노동자 계급이 살고 있는데 그들이 바로 창조적 계급이다. 이 계급의 핵심부는 과학자, 엔지니어, 건축가, 디자이너, 교육자, 미술가, 음악가, 연예인들로 구성되어 있다. 이들의 주요 기능은 새로운 아이디어를 창출하고 새로운 기술을 개발하여 새로운 콘텐츠를 구성하는 것이다. … 바야흐로 미국은 이른바 창조적 시대에 접어든 것이다. (톰 피터스)

1980년대 일본이 세계 경제를 휩쓸고 있을 때 모두들 이야기하곤 했다. 중후장대의 시대는 가고 경박단소輕薄短小의 시대가 왔다고. 크고 무겁고 길고 높은 것의 시대는 사라지고, 이제 가볍고 얇고 짧고 작은 것의 시대가 왔다는 것이다.

그로부터 20년. 세계는 경박단소의 시대를 넘어 부드럽고 온유하고 가벼운 시대로 접어들었다. '보이는 것'의 시대는 가고 '보이지 않는 것'의 시대가 온 것이다. 그 단초는 제조업이 아닌 금융에서 시작되었다. 하지만 이제 그 물결은 우리 삶의 모든 영역으로 스며들고 있다.

가장 먼저 직업의 영역에서 이런 변화를 느낄 수 있다. 제조업은 여전히 유망하다. 하지만 제조업 내에서도 생산보다는 기획, 조정, 혁신 분야가 선호된다. 서비스는 꿈의 직업이다. 하지만 여인숙, 모텔이 아니라 호텔, 리조트이며, 단순한 은행이나 카드가 아니라 파생상품과 선물이다. 미용사나 노무사가 아니라 헤어디자이너와 갈등조정사이며, 선생님과 딴따라가 아니라 교육코디네이터와 만능엔터테이너다. 세상은 그렇게 변하고 있다.

미국의 주간지 「포브스」는 '21세기에 가장 피해야 할 직업은 공무원, 언론인, 아나운서, 이코노미스트'라고 말한다. 믿을 수 있겠는가? 하지만 지금 잘 나가는 직업이 앞으로도 잘 나가리라는 보장은 없다. 만약 지금 새로운 직업을 찾고 있다면 부드럽고 온유하고 가벼운 직업을 찾아라. 창조적인 직업, 소프트한 직업을 찾으라는 말이다.

# 창 조 의　시 대

삼성전자는 2007년에 사상 처음으로 매출액 1000억 달러를 돌파했다. 국내 단일 기업으로는 처음일 뿐 아니라 전 세계 정보기술 업체 중에서도 독일 지멘스에 이어 두 번째였다. 말이 1000억 달러지, 어지간한 나라의 1년 총 수출보다 많은 금액이다. 그러니 비록 주가는 지지부진하지만 '위대한' 이라는 형용사를 붙이기에 족하다.

이 삼성전자와 자웅을 겨룰만한 기업이 소니다. 지금은 이익, 매출, 브랜드 지명도 등에서 삼성전자에 뒤쳐져 있지만 함부로 가벼이 다룰 기업은 아니다. 역시 '위대한' 이라는 형용사를 붙여도 무방하리라.

하지만 누군가 어느 쪽이 더 위대한 기업이냐고 묻는다면 팔을 안으로 굽혀 반도체와 휴대폰, LCD, 탁월한 IT 제품을 갖춘 삼성전자를 '더 위대한 기업' 라고 해야 할까? 아니다. 팔을 완전히 안으로 굽힐 수 없는 이유가 있다. 소니는 한 세대 전 지구인을 사로잡았던 신제품을 개발했다. 워크맨walkman이 그것이다. 플레이스테이션도 그 비슷하다. 하지만 삼성은? 탁월한 매출액과 이익으로 우뚝 섰지만 워크맨과 같은 제품을 전 세계에 내놓은 적이 없다. 새로운 트렌드를 창조한 적이 있는가? 새로운 시대의 아이콘을 만든 적이 있는가? 아니다.

개량과 모방은 한계를 가진다. 안타깝게도 삼성은 지금 그런 개량과 모방의 정점에 있는 것 같다. 하드웨어 위주의 제품 구성, 독창성 없는 상품, 콘텐츠와 스토리가 없는 기업의 모습이 바로 현재의 삼성이라고 해도 과언이 아니다. 반도체 가격이 하락하고 있는 것이 위기가 아니라, 독창성이 없고 하드웨어 위주로 사업이 구성되어 있다는 것. 그게 바로 위기다. 어떤 기업이든 '위대한' 이라는 형용사를 달려면 '창조적인' 소프트를 가져야 한다. 지금은 그런 시대다.

그런가? 진정 그러한가? 그렇다면 지금 그런 시대를 살아가는 개인은 그 소프트를 어떻게 해석해야 할까?

## 부 드 러 운   것 이   강 하 다

존 우든John Wooden은 미국의 농구 선수와 감독으로 활약하며 경이적인 대기록을 세운 신화적 인물이다. 그가 이끈 UCLA 농구팀은 12년 동안 88연승, 10회의 전미 대학 농구선수권 대회 우승이라는 대기록을 세웠다. 그는 ESPN에서 '금세기의 감독' 이라는 칭호를 얻었는데 선수와 코치 부문 모두에서 최초로 '명예의 전당' 에 올랐다.

이 정도면 어떤가? 미국에서 둘째가라면 서러워할 인기 스포츠인 농구에서 이 정도의 성과를 거두었다면 그 역시 보통 인물이 아니다. 이런 그가 선수들을 지도할 때, 그들을 인도할 때 반드시 강조하는 말이 있다. "부드러운 것보다 강한 것은 없다." 너무 평범하다. 모두 아는 말이다. 하지만 카림 압둘 자바와 빌 월튼이 이런 가르침 아래에서 선수로 대성했다.

"준비에 실패하는 것은 실패를 준비하는 것이다" "이기는 것이 중요한 것이 아니라 매 경기에서 자신의 최선을 이끌어내는 것이 중요하다" 이런 말을 남겼던 그가 인생에서의 성공을 어떻게 정의하겠냐는 물음에 이렇게 답했다. "성공은 마음의 평안이며 그것은 자신이 될 수 있는 최고의 존재가 되기 위해 최선을 다했다는 것을 스스로 앎으로써 가지게 되는 자기 만족감에서 생겨난다."

부드러운 것이 강하다. 그것을 알고 그렇게 되어야만 이 꿈과 창조의 시대에서도 성공할 수 있다. 너무 평범한 말이라고 손사래 치고 있다면, 오랜 옛날의 대 전략가가 남긴 한 마디를 다시 한 번 되새겨 보자.

약한 것이 강한 것을 이기고, 부드러운 것이 단단한 것을 이긴다. 세상에서 이를 모르는 사람이 없건만, 누구도 실행하지 않는다 弱之勝强, 柔之勝剛, 天下莫不知, 莫能行.(노자 도덕경)

# ⓔ 속도_ 변화의 속도에 적응하라

두 사람이 길을 가다가 사자와 마주치게 되었다. 당연히 놀라서 도망을 간다. 어느 정도 빨리 도망을 가야 할까? 대개 사자보다 빨리 달려야 한다고 하지만 그럴 필요는 없다. 한 사람만 따라 잡으면 된다. 그 정도면 자기 목숨을 건질 수는 있다. 그래서 속도는 상대적이다.

## 빠름의 미학

글로벌 럭셔리 온라인 쇼핑몰의 선두주자 중 하나로 꼽히는 넷타포르테닷컴(net-a-porte.com)의 공동 창업주이자 바잉 디렉터인 소진 리(Sojin Lee)는 얼마 전 패션잡지 엘르와의 인터뷰에서 이렇게 말했다. "여자들은 잡지 속 멋진 사진에서 맘에 드는 의상을 발견하면 당장 사고 싶어 한다. 독자들은 그 드레스를 찾기 위해 전화번호를 뒤적이고 매장에 전화를 할 수도 있다. 하지만 온라인 쇼핑은 1초도 안 걸리는 클릭 하나로 쇼핑시간을 절약해 준다. '즉각적인 것' 이란 현대인에게 굉장한 서비스다. 여자와 패션이란 시각으로 얽힌 매우 감정적인 관계다. 입어보는 게 중요하지 않을 수도 있다. 잡지에서 발견하고 단숨에 반한 드레스도 입어보지 않고 '좋다' 고 결정한 것 아닌가. 갖고 싶다는 욕망만 있으면 된다. (「중앙일보」에서 인용)

인터넷을 이용한 전자상거래가 세상의 이목을 끌 무렵 세칭 전문가라고 하는 사람들은 이구동성으로 말했다. 옷은 입어보고 사는 것이기 때문에 인터넷으로 옷을 사고파는 것은 결코 성공할 수 없을 것이라고. 하지만 전문가들의 그와 같은 예측이 무참히 깨지고 있다. 사람들은 입어보지 못해도 '빨리 구입할 수만 있다면' 그냥 돈을 지불한다. 나아가 옷을 파는 곳이 넷타포르테닷컴처럼 고급 옷을 파는 사이트라면, '구입의 신속성'만 보장된다면 입어보지 않아도 좋다고 생각한다.

혹자는 "그래도 향수만은 온라인으로 팔 수 없을 것"이라고 말한다. 이 예측도 틀렸다. 해당제품에 마우스를 놓으면 그 향수의 향기가 번져 나오는 소프트웨어가 개발되고 있다. 가죽제품의 감촉을 마우스로 느낄 수 있는 것은 두 말할 나위없다. 사람의 욕망을 부추기는 속도만큼 욕망을 충족시키는 기술 또한 속도를 내고 있다.

세상은 그렇게 변하고 있다. 그러니 '오래 살다 보니 별 일 다 본다'는 푸념을 하지마라. 그 말은 당신이 세상 변화의 흐름에 한참이나 뒤떨어져 있음을 나타낼 뿐이다. 차라리 모른 척하고 씩 웃기나 해라. 그러면 본전이나 건지지 않겠는가. 교향곡을 듣고도 이해할 수 없을 때, 미소를 띤 채 가만히 고개만 끄덕이면 되는 것처럼 말이다. 하지만 그런 다음에는 정신없이 공부하라. 도대체 세상이 어느 정도의 속도로 움직이고 있는지 열심히 공부하라.

# 변 화 의   속 도

시속 100마일 : 기업이나 사업체
시속 90마일 : 시민단체 NGO
시속 60마일 : 미국의 가족
시속 30마일 : 노동조합
시속 25마일 : 정부 관료조직과 규제기관
시속 10 마일 : 미국의 학교
시속 5마일 : 국제기구
시속 3 마일 : 정치조직


앨빈 토플러가 '부의 미래'라는 그의 책에서 말한 각 경제주체들의 변화속도를 정리한 것이다. 세상에서 가장 빨리 그리고 가장 급격하게 변하는 조직은 기업이다. 이것은 미국만이 아니라 전 세계에 공통적으로 적용되는 얘기다.

재미있는 것은 미국의 학교가 변하는 속도가 시속 10마일이라는 것이다. 기업보다는 엄청 뒤지지만 정치조직보다는 앞서 있다. 하지만 일반적으로 정치가 가장 늦게 변한다는 점을 감안하면 학교의 변화 속도는 시대의 변화를 따라잡지 못하고 있다. 그나마 다행인 것은 정부의 변화속도가 이보다는 빠른 시속 25마일이라는 점이다. 이 사례는 미국의 경우를 예로 든 것이다.

그렇다면 한국은 어떨까? 모르긴 몰라도 정치조직이 변하는 속도는 미국과 마찬가지로 거의 바닥을 기고 있을 테고, 한국 역시 기업의 변화속도가 제일 빠를 것이다. 그러니 순서로는 거의 비슷하지 않을까?

이 변화의 속도를 요약하는 자리에 하나의 경제주체가 빠졌다. 무엇일까? 그렇다. 바로 당신이다. 그러니 정말 묻고 싶은 것은 눈썹이 제 자리에 붙어있을 시간도 없이 변하는 이 시대에 당신은 어느 정도의 속도로 변하고 있느냐는 것이다. 당신은 시속 몇 마일인가? 곰곰이 생각해보기 바란다.

하지만 변하라고 옥박지르기만 한다고 변하는 것은 아니고, 변해야 한다고 강조하는 것만으로 사람들이 스스로 변화를 도모하지도 않는다. 또, 어디를 향해, 무엇을 위해, 어떻게 변해야 하는지 결정하지 않고서는 시대에 맞게 자신을 변화시키기 어렵다. 그래서 조금은 엉뚱한 사례를 듦으로써 변화의 방향과 변화의 속도를 생각하는 것이 차라리 나을 수도 있다.

## 느 림 의  미 학

1950년, 미국의 시애틀에 살던 린다 스콧 러셀이라는 100세의 할머니는 스페코(Safeco)라는 화물선 보험사 주식 152주를 315달러에 샀다. 그 뒤 이 주식을 어떤 유혹이 와도 팔지 않고 구두 상자에 보관해 왔다. 2007년 현재 이 주식은 아홉 번의 분할과 배당을 거쳐 17,280주로 늘어났고 그 평가액은 무려 115만 달러에 이른다.

1980년대 초 한국의 한 할머니가 손자 몫으로 주식을 매수했다. 그리고는 그 주식을 은행에 신탁한 뒤 손자가 성인이 될 때까지 절대 인출하지 못하도록 했다. 할머니가 구입한 주식은 이건희, 신격호, 최종현, 박태준 씨가 운영하는 기업 그리고 당시의 최우량은행 등 5종이었다. 25년 후 이 주식은 구입 당시와 비교하여 100배 이상 상승했다. 할머니는 이미 오래 전에 별세하였지만 그 손자는 현재 수백억 원 대의 재산가가 되었다. (「쥬라기 투자클럽」의 인터넷 내용에서 인용)


세상은 정말 빨리 변하고 있다. 자신의 자산을 운용하거나 돈을 모으는 방법 또한 변하고 있다. 쉽게 말하자. 부동산의 시대는 지나가고 주식의 시대가 왔다. 인정하건 인정하지 않건 이제 주식에 투자하지 않는다는 것은 '투자하지 않는 리스크'를 짊어지는 행위다.

은행에는 미안한 이야기지만 적금을 들거나 저금통장에 돈을 모으는 것으로는 변하는 시대의 자산 모으기를 따라갈 수 없다. 다시 말해 부자가 되기 어렵다. 그러니 주식에 관심을 가지고 주식 공부를 해야 한다. 그것이 시대의 변화에 자신을 맞추는 것이다. 하지만 주식 투자 방법에 따라 당신의 변화는 바람직할 수도 있고 그렇지 않을 수도 있다. 몇 분, 몇 시간 뒤 혹은 1~2개월을 목표로 주식을 사고판다면 차라리 은행에나 넣어두는 게 낫다.

혹자는 말한다. 1년에 한 번 거래하는 것을 초단타로 생각하라고. 웃어넘길 수 있다. 하지만 장기로 적립식으로 투자하지 않을 바에는 차라리 펀드 가입이 나을 수 있다. 그래서 다시 말하지만 은행의 예금이나 부동산에서 주식으로 관심을 돌리는 일에 속도를 낼 필요가 있다. 하지만 주식을 사고파는 거래 횟수와 기간에는 전혀 속도를 낼 필요가 없다. 흔히 말하는 '사서 가지고 있기buy and hold'가 좋은 태도일 수 있다. 목적과 방법을 구별할 필요가 있다는 얘기다.

## 빠 름 과 　 느 림

"세상은 공평하고, 성공은 노심초사하면서 (속도만 낸다고) 주어지는 게 아니다. 자신의 일에 최선을 다하되 현재를 즐길 수 있을 만큼의 가벼움은 남겨두어야 한다. 그리고 현재에 충실하여 (느리게 살되) 기회가 오면 (재빠르게) 잡을 줄 알아야 한다." 미국에서 활동하는 자수성가한 사업가 마가렛 리의 말이다.

이 분의 말인 즉, 모든 면에서 속도가 중요하지 않은 것은 아니나 그 속도가 빠름으로서의 가치를 가지기 위해서는 역설적으로 느린 면이 있어야 한다는 것이다. 빠르기만 해서는 빠름의 진정한 가치를 발견할 수 없기 때문이다. 예컨대, 가장 기본적으로 삶을 바라보는 자세는 쉽게 변해야 할 필요가 없다는 것이다.

그런 점에서 너무도 빨리 변하는 이 어지러운 시대에는 "애야 그렇게 빨리 변하는 것 옆에는 가지 말아라. 다칠라." 하는 할머니의 웃음기 서린 해학이 오히려 정겹기도 하다. 그러니 변화하는 속도와 어지러움에는 참여해야 할 것이 있고 참여하지 말아야 할 것이 있음을 잊지 말자.

하지만 이 말이 오히려 독자들이 변화의 속도를 줄이는 핑계가 되지 않을까 두렵다. 그러니 이런 말에 자신의 게으름을 합리화하지 말고, 자신을 바꾸는 속도를 더 올리도록 하라. 마가렛 리와 같은 말은 변화의 속도가 최소한 60마일은 지난 뒤에 하라.

퓨전 _ 경계를 허물어라

느리게 서둘러라(Hasten Slowly)!
적은 것이 많은 것이다(Less is More)!

## 발 레  춘 향 전

막이 오르면서 오케스트라 선율이 흐른다. 술렁이던 객석도 완벽한 고요함 속
에 빠져 들었다. 무대는 조선시대 어느 봄날. 한가롭기 그지없는 전원 풍경. 춘
향과 향단이 춤추며 등장한다. 그러나 우리 전통 춤이 아니라 발레다. 조금 지나
서 이 도령 등장. 그는 금발의 유럽 사람이다. 의상도 전통적인 한복이 아니라
발레에 맞게 개조된 동양과 서양의 융합형이다.(「동아일보」 원광연의 칼럼에서 인용)

한국 사람이면 누구나 다 아는 춘향전이 판소리도 아니고 우리 탈
춤도 아닌 발레로 각색되어 공연되었다. 2007년 여름, 경기 고양시
오페라 극장에서 실제로 있었던 일이다. 무슨 망발이냐며 노발대
발할 수 있다. 하지만 아니다. 우리 것이 가지는 정서와 감동을 그

대로 간직하면서 그것을 서양에 전달하기 위해서는 서양의 형식을 빌릴 필요가 있다. 아니, 그렇게 하면서 춘향전이 가진 새로운 재미를 발굴할 수도 있다. 우리 것과 서양 것의 혼합. 말 그대로 퓨전, 짬뽕이다.

이런 퓨전은 알게 모르게 우리 생활 속에 깊이 들어와 있다. 팝과 오페라를 결합한 팝페라popera. 클래식의 딱딱함을 탈피하면서 음악의 대중적 요소를 가미한 새로운 음악장르다. 이 팝페라는 음악의 퓨전으로 대중의 사랑을 받은 지 이미 한참된다. 누구나 즐겨먹는 스파게티. 이것은 14세기 초 마르코폴로가 중국에서 이탈리아로 가져온 국수와 신대륙 발견 이후 남미에서 건너 온 토마토를 이탈리아 조리법으로 결합한 것으로 퓨전음식의 원조다.

퓨전은 음악이나 음식에서만 일어나는 것이 아니다. 산업에서도 이런 일이 일어나고 있다. 가장 대표적인 것이 방송과 통신의 융합이다. TV로 대변되는 방송과 인터넷으로 대변되는 통신은 전혀 별개의 것이었다. 하지만 지금은 TV를 통해 인터넷에 접속할 수 있고, 인터넷을 통해 TV를 볼 수도 있다. IP-TV는 이 방통융합의 가장 대표적인 상품이다. 기업이라고 여기에서 빠질 이유가 없다. 이미 대중의 필수품으로 자리 잡은 휴대폰은 전화기, 카메라, 캠코더, TV 등 모든 기능을 다 가지고 있다.

과거에도 없었던 것은 아니지만 왜 지금 퓨전이 이토록 번창하고 있을까? 한 가지 장르, 한 가지 방식으로는 우리가 가지고 있는 욕구와 감정 그리고 감흥을 제대로 실어낼 수 없기 때문이다. 동시에 여러 가지를 해야만 우리가 느끼는 사물의 본질을 표현할 수 있기 때문이다. 그리고 그런 욕구를 실현할 수 있는 디지털 기술이 만개하고 있기 때문이다. 모든 것이 0과 1로 표현될 수 있으니 장르를 오가며 경계를 뛰어넘는 것이 가능하게 된 것이다.

## 도 마 뱀    로 봇

학문과 학문간, 학문과 현실 간 경계를 허무는 통섭의 움직임이 학계와 산업계 곳곳에서 활발하다. 통섭은 지식의 대통합을 뜻하는 라틴어 계통의 '컨실리언스(Consilience)'를 우리말로 번역한 용어로, 원효대사가 '모든 것을 다스린다'라는 뜻으로 쓴 말이기도 하다. 이 용어는 2005년 이화여대 최재천 교수가 에드워드 윌슨의 저서 '컨실리언스'를 번역하면서 세간에 널리 퍼졌다. (「주간조선」에서 인용)

유리벽을 수직으로 올라갈 수 있는 로봇을 개발할 수 있을까? 유리벽을 수직으로 오르기 위해서는 우선 그 크기가 작아야 한다. 지나치게 크면 오르는 것 자체가 힘들어진다. 하지만 그런 작은 로봇을 어떻게 수직으로 올라가게 할 수 있을까?

수직으로 올라가기 위해서는 중력의 작용을 거스르는 장치가 필요하다. 미국 스탠퍼드대학교의 김상배 연구원은 오랜 고민 끝에 드디어 이런 로봇을 만들어 냈다. 그는 한 번 달라붙으면 절대 떨어지지 않고, 발걸음을 옮길 때면 너무나 사뿐하게 움직이는 도마뱀의 발바닥을 보고 영감을 얻었다. 그 영감을 따라 유리벽을 수직으로 오르면서도 좀처럼 떨어지지 않는 로봇을 개발한 것이다. 그러니 이 도마뱀 로봇은 로봇 공학에다 도마뱀에 대한 생태연구가 합쳐져 탄생한 것이다.

미국의 시사주간지 「타임」은 김상배 연구원의 이런 발상을 높이 사 이 도마뱀 로봇을 2006년 '올해의 발명'으로 선정했다. 발명 자체로만 보면 도마뱀 로봇은 그리 놀라운 일이 아니다. 하지만 「타임」은 서로 다른 두 학문 영역의 경계를 가로지르며 누구도 생각해내지 못한 아이디어를 만들어낸 점을 높이 평가한 것이다. 김상배 연구원은 말 그대로 통섭을 실천에 옮겨 새로운 발명을 한 셈이다.

통섭과 퓨전은 서로 다른 것이 아니다. 학문과 지식의 경계를 허무는 것을 통섭이라는 단어로 표현한 것이고, 그것이 무엇이건 서로 다른 종류의 것을 합쳐 새로운 무언가를 만드는 일을 퓨전이라는 단어로 표현한 것이다. 그러니 어쩌면 통섭은 퓨전의 학문 식 버전이라 할 수 있다.

통섭과 퓨전이 가지는 공통된 함의는 전문성, 개별성이라는 세로파기 방식으로는 인간이 가지고 있는 의문과 갈등을 해소하기에 한계가 있다는 것이다. 그래서 '한국의 휴대전화 제조기술은 세계

도마뱀 로봇

최고 수준에 도달해 있으므로 지금 우리에게 필요한 것은 새로운 아이디어나 개념'이라고 말하는 것이나 '인문대, 자연대, 사회대로 해체됐던 문리과대학을 다시 원래대로 통합해야 한다'고 주장하는 서울대학교의 주장은 같은 맥락, 같은 차원의 말이라 할 수 있다.

그래서 이제는 순혈보다는 혼혈, 세로파기보다는 가로파기, 고지식함보다는 포용력, 전문성보다는 통찰력이 더 가치를 인정받게 되었다. 상상력과 창의력이 중요해지는 것은 이런 시대의 흐름과 무관하지 않다.

# 르 네 상 스   맨

'르네상스 맨' 이란 폭 넓은 지식과 교양의 소유자, 혹은 모든 학문과 예술에 통달한 사람을 일컫는 말이다. 지금까지는 이런 르네상스 맨 보다 전문가가 더 각광을 받아왔다. 미래에도 그럴까?

'르네상스 맨' 이라는 영화가 있다. 이 영화는 실업자로 전락한 프린스턴 대학 출신의 광고업자가 우연히 육군사관학교에서 세익스피어에 대해 가르치는 것으로 시작되는데, 주인공이 이를 통해 자신감을 회복하고 인생에서도 성공한다는 다소 상투적인 내용을 담고 있다. 하지만 내가 이 영화에 주목하는 것은 그 내용 때문이 아니라 실업자인 주인공이 육사생도들에게 '세익스피어' 를 가르치는 부분 때문이다. 자신이 잘 아는 광고도 아니고, 육사생도에게 필요한 전쟁의 전략이나 전술도 아니고, 체력을 기르는 노하우도 아닌 세익스피어를 가르친 것이다. 여기에 이 영화의 묘미, 혹은 함축이 있다. 전쟁은 사람이 하는데, 그 사람을 이해하기 위해서는 세익스피어만한 교재가 없다는 것이다.

글로벌 기업의 CEO가 되기 위해서는 피터 드러커로 대변되는 경영학의 진수들을 섭렵해야 한다. 하지만 이것만으로는 부족하다. CEO의 필수과목은 경영학과 경제학을 넘어 이제 역사, 철학, 문학 등 인문학으로 확대되었다. 사람을 알고 이해해야 하기 때문이다. 문文·사史·철哲로 대변되는 인문학적 바탕 없이는 사람을 감동시키는 위대한 상품이나 위대한 기업이 나올 수 없다는 얘기다. 셰익스피어는 이 문·사·철을 통합하는 최고봉이다. 사랑과 비탄을 오가며, 신뢰와 배신을 오가며, 자부심과 열등감의 골을 지나는 희극과 비극을 경험하지 않고서는 사람이건 기업이건 제대로 된 '경영'을 할 수 없다는 것이다. 경영학이 인문학을 안은 것인지 인문학이 경영학을 안은 것인지는 모르나 이제 이 두 가지는 말 그대로 통섭되었다. 르네상스 맨은 그래서 이 시대에 다시 필요하다.

## 퓨 전 과  통 섭

통섭의 기본개념을 확립한 에드워드 윌슨 교수는 자신의 책 『통섭 Concilience』의 마지막 장에서 왜 통섭이 필요한가 하는 근본 이유를 설명하면서 독자들에게 '우리의 가장 깊은 근원은 어디인가?' 라는 물음을 던진다. 다시 말해 통섭과 퓨전이 필요한 것은 결국 '우리'를 위해 우리가 어디로 가야하는가에 대한 답을 얻기 위한 수단이기 때문이다. 우리가 누구인지, 우리가 해야 할 일은 무엇인지, 우리가 어디로 가야하는지 이런 질문은 가벼운 지식의 한 분야나 단면만으로는 대답할 수 없다는 것이다. 그래서 부분과 단편이 아닌 전체와 통섭이 필요하다는 것이다.

아 어려운가? 나는 이 글에서 이 질문을 더 이상 논의하고 싶지 않다. 논설과 토론은 우리 영혼을 지치게 할 수 있기 때문이다. 대신, 다음과 같은 말로 이 장을 마무리하려 한다.

이 글이 마음에 와 닿지 않으면 「아마데우스」나 「미션」과 같은 영화비디오를 빌려보며 음악, 역사, 종교, 사람이 짜 나가는 비극과 희극 그리고 장엄의 구도를 한 번 생각해보라. 그래도 가슴에 와 닿지 않거든 '오를 때는 보지 못하던 꽃을 내려올 때는 본다' 는 고은 시인의 시를 자신의 인생과 비교하며 깊이깊이 생각해 보라.

# 전략 07 차이_다름의 가치를 발견하라

> '다르다' 라는 말과 '틀리다' 라는 말은 같은 말이 아니다. '다르다' 라는 말은 '같지
> 않다' 라는 뜻이고, '틀리다' 라는 말은 '맞지 않다' 라는 뜻이다. 하지만 종종 사람
> 들은 '다르다' 고 말해야 할 때 '틀리다' 고 말한다. 하지만 다르다는 것은 정말 아름
> 다운 것이다. 우리가 모두 같은 말을 하고 똑같이 생겼으면 무슨 재미로 살겠는가.
> (서정홍 시인의 말을 수정 인용)

## 차 이 라 는  즐 거 움

브라질의 상파울루. 리오데 자네이로를 거쳐 이 도시에 도착하면
맥이 탁 풀려버린다. 인구 1700만 명이 얽혀 사는 시끄럽고, 더럽
고, 탁한 도시가 우리를 기다리고 있기 때문이다. 같은 브라질의 리
오와는 비교가 되지 않는다. "도대체 이 도시가 무엇이 좋다고 이
렇게 사람이 모여드는 거지?" 이런 불평 아닌 불평을 하고 있는데
이 말을 들은 우리 교민이 이런 말을 던졌다.

"한국 사람들은 무엇을 보든 판단하고 비교하기 때문에 제대로
즐기지 못합니다. 그 대상이 무엇이건 자기가 현재 가지고 있는 것
보다 좋은지 나쁜지 반드시 우열을 가리는 버릇이 있고, 그래서 새

로운 사물과 현상을 대하더라도 그것을 따지느라 머리가 복잡합니다. 하지만 여기 브라질 사람들은 좋은 것은 좋은 것대로 나쁜 것은 나쁜 것대로 즐길 줄 압니다. 한국 사람처럼 복잡하게 비교하거나 계산하지 않습니다. 그러니 항상 만족한 미소가 새어나오는 것이지요."

벼락이 치는 것 같았다. 그의 말에 따르면 상파울루는 리오보다 '못한 도시'가 아니라 단지 '다른 도시'일 뿐이라는 것이다. 거리가 누추하면 누추한 대로 자기와 다르기 때문에 볼 것이 있고, 거리가 아름다우면 아름다운대로 서로 다르기 때문에 또 볼 것이 있다는 말이다. 1700만 명의 사람이 살아가는 도시라면 어떤 형태로든 사람의 필요를 충족시켜주는 무엇(그건 활기와 매력이다)이 있을 수밖에 없는데, 그 활기와 매력을 알아채지 못하고 불평하는 우리가 오히려 문제가 있지 않느냐는 얘기였다. '아!' 하는 탄식이 절로 나오지 않을 수 없었다.

브라질의 이과수 폭포를 먼저 보고 미국의 나이아가라 폭포를 나중에 본 사람들은 십중팔구 이렇게 말한다. "애걔 이게 뭐야?" 너무 볼품이 없다는 얘기다. 사실 같은 순서로 두 폭포를 본 내 눈에도 나이아가라 폭포는 그 규모에 있어 이과수 폭포에 비할 바 아니었다. 하지만 비교 하지 않고, 좋고 나쁨의 선입견에 물들지 않고 이 두 폭포를 본다면 전혀 다른 감흥을 느끼지 않을 수 없다. 이과

① 이과수폭포 ② 정방폭포
③ 나이아가라폭포

수 폭포에서는 그 장대함 때문에 혼이 나갈 정도의 흥분을 느낀다면, 나이아가라 폭포에서는 도시와 묘하게 어울린 아늑한 정취를 느끼게 된다. 두 폭포를 좋고 나쁨의 차이가 아니라 다양성의 차이로 보아야 제 면목을 알 수 있다. 그렇지 않은가? 비교의 습관에 젖은 사람이라면 제주도의 정방 폭포를 보고 포복절도할 지도 모른다. 너무 '보잘 것 없기' 때문이다. 맞다. 그 규모로 본다면 정방 폭포는 위의 두 세계적 폭포에 결코 비할 바 아니다. 하지만 해안으로 떨어지는 정방 폭포는 아늑함과 자연과의 조화라는 점에서는 단연 압권이다. 편견과 선입견, 그리고 비교의 색안경을 버리면 사물의 아름다움이 저절로 드러난다.

## 차 이 라 는    경 쟁 력

차이(차별화)라는 말을 있는 그대로 놓고 보면 '남과 다른 것'을 의미합니다. 기업경영에서 보면 차별화는 전략과 마케팅 활동을 경쟁사와 다르게 수행하는 것입니다. 그러나 전략적 측면에서 '다르다'는 것은 단순히 다르다는 의미만 포함하고 있지 않습니다. 호박에 줄을 그어 놓아도 수박이 되지 않는 것처럼 겉모양만 다르게 바꾼다고 차별화 전략이 완성되지는 않기 때문입니다. …기업에 있어 차이는 실제로 고객이 느끼고 원하는 본질적인 측면에서 경쟁사와는 다른 의미 있고 독특한 가치를 고객에게 제공해 주는 것이어야 합니다. (홍성준의 『차별화의 법칙』에서 인용)

1980년대까지만 해도 기업의 경쟁력이 '주어진 원재료로 얼마나 많은 최종 생산물을 만들어내느냐'에 달려 있다고 생각해 왔다. 즉, 적은 비용으로 많은 상품을 만들 수 있는 효율성이 기업의 경쟁력을 좌우한다는 생각이었다. 하지만 세계적인 전략이론가 마이클 포터는 "그렇지 않다."고 주장했다. "효율성은 단지 효율성일 뿐이다. 효율성은 누구든지 달성할 수 있기 때문에 기업에게 정말 필요한 전략 개념은 차별화다."라고 말했다. 진정한 경쟁력은 소비자가 원하는 상품을 얼마나 다른 기업제품과 '다르게' 만들어내느냐에 달려있다는 것이다.

　세계적인 물류기업인 K마트와 월마트. 사실 가격은 K마트가 훨씬 쌌다. 하지만 월마트는 '매일매일 저가Every Day Low Price'라는 상징적 구호로 K마트를 눌러 이겼다. 그런 월마트가 한국에서는 이마트를 이기지 못했다. 이마트는 상품 구성과 상품 진열을 차별화하고, 한국인의 구매습관을 고려하여 생선과 야채 같은 신선식품을 대거 매장에 출하함으로써 월마트를 눌렀다. 만도위니아는 삼성전자나 LG전자와 비교할 수 없는 작은 기업이다. 하지만 김치냉장고라는 새로운 영역에서 소비자의 입맛에 맞는 제품을 만듦으로써 새로운 영역을 개척했다. 다른 제품과의 차이를 만듦으로써 성공한 기업, 혹은 제품이 어디 이 뿐이겠는가.

## '다 르 다' 와 　'틀 리 다' 는 　다 르 다

황희 정승이 대궐에서 집으로 돌아오니 두 여종이 싸우고 있다. 한 여종이 이러쿵저러쿵 자초지종을 이야기하니 황희 정승이 말한다. "어, 자네 말이 맞네." 이러니 옆에 있던 다른 여종이 또 다른 이야기를 한다. "정승님, 아닙니다. 사실은 이러저러 합니다." 하고 말하니 다시 황희 정승이 말한다. "그렇네, 자네 말이 맞네." 이러니 옆에 있던 집사가 정색을 하고 말한다. "아니, 정승님. 저 여종의 말이 맞으면 이 여종의 말이 틀리고, 이 여종의 말이 맞으면 저 여종의 말이 틀

린 것이지 어찌 두 여종의 말이 모두 맞다고 하십니까?" 그러자 다시 황희 정승
이 말한다. "어, 자네 말도 맞네." (황희 정승의 일화 중에서)

누구나 허허 그러려니 하고 한 번쯤 듣고 웃어넘길 수 있는 일화다.
하지만 이 일화에 담긴 함의는 매우 크다. 나는 협상과 전략에 대한
강의를 할 때 이 일화를 꼭 인용한다. 그리고는 말한다. "협상가는
회색분자입니다. 왜냐하면 협상은 이 사람이 옳고 저 사람이 틀리
다는 것을 증명하는 것이 아니라, 이 사람과 저 사람의 의견이 왜
다르고, 어떻게 다르고, 그래서 어떻게 하면 그 다른 의견을 조율하
고 중재할 것인가를 고민하는 일이기 때문입니다." 명심하자. 협상
가는 도덕적 판단을 내리는 사람이 아니다.

서두에서 밝힌 대로 '다르다'와 '틀리다'는 같지 않다. '다르다'
는 것은 '비교가 되는 두 대상이 서로 같지 아니하다'는 것을 의미
하고, '틀리다'는 것은 '셈이나 사실 따위가 그르게 되거나 어긋나
다'는 것을 의미한다. 그 거리는 얼마나 먼 것인가? 하지만 한국의
협상문화는 아니 우리의 문화는 그 다름을 쉽게 인정하지 않는다.
'내 편을 들지 않으면 적'이라는 흑백의 논리 '나를 따르지 않으면
동지가 아니다'라는 우격다짐의 논리가 얼마나 횡행하고 있는가.
그러니 양 쪽의 의견이 다를 수 있음을 인정하고 그 가운데서 만나
기를 원하는, 아니 만나게 하려고 노력하는 협상가는 참으로 외로
울 때가 많다.

# 차 이 가   인 생 의   가 치 를   만 든 다

당신은 왜 사는가? 무엇을 인생의 목적으로 삼고 있는가? 이 글을 자세히 읽은 사람이라면 당연히 "사람마다 다 다르다."고 대답할 것이다. 정답이다. 나는 이를 능가하는 답은 없다고 생각한다.

하지만 이 글의 말미에 나는 작은 디테일 하나를 더하고 싶다. 그 것은 「제니가 내게 키스했다」는 시다. 이런 시를 가끔 읽고 때때로 그 속에 담긴 의미를 음미하는 것도 자신의 삶을 다른 사람과 '다르게' 만드는 방법이 아닐까. 혹은 정말 무엇이 중요한지를 '차별화' 하는 방법이 아닐까 생각한다.

우리 만났을 때 제니가 내게 키스했다.
앉아 있던 의자에서 벌떡 일어나 키스했다.
달콤한 순간들을 가져가기 좋아하는
시간, 너 도둑이여, 그것도 네 목록에 넣어라!
나를 가리켜 지치고 슬프다고 말해도 좋다.
건강과 재산을 가지지 못했다고 말해도 좋고,
나 이제 점점 늙어간다고 말해도 좋다. 그렇지만,
제니가 내게 키스했다는 것, 그건 꼭 기억해라.
(리 헌트의 시, 장영희의 책 '생일' 에서 인용)

**전략 08 명품_품격에 역사를 더하라**

> 명품이란 역사다. 명품을 브랜드라고 하지만 정말 중요한 것은 그 명품 브랜드에 대한 역사다. 명품에 역사가 없으면 성공할 수 없다. 전 세계 소비자의 마음속에 브랜드가 자리 잡고 있는지 볼 수 있는 것은 역사뿐이다. 여기에 제품의 독창성과 수준 높은 품질이 더해진 것이 명품이다. (루이뷔통모에헤네시(LVMH)의 아르노 회장)

## 명 품 은   역 사 다

제일 싫은 질문이 '만난 연예인 중 누가 제일 예쁘냐'는 거예요. 누구나 나름대로 매력이 있고, 아름다움이 있어요. 미(美)는 관점에 따라 다른 것이고, 서로 비교할 필요가 없어요. 그런데 한국 사람들은 꼭 순위를 매기려 해요. 성형을 많이 하는 것도 다 그런 이유 때문이겠죠. 전 성형에 반대는 안하지만 요즘 잘 나가는 연예인들과 사우나에 함께 가서 화장을 지우고 나면 모두 똑같이 생겨 당황할 때가 많아요. 한 번은 네 명의 연예인이 죄다 똑같은 거예요. '에이 좀 다르게 고치시지. 의사선생님 너무 하셨네' 하는 생각이 절로 들었죠. (사진작가 조선희의 말)

심리학에서는 자신의 외모를 바꿈으로써 열등감을 극복하거나 내면의 상처를 치유할 수 있다면 그렇게 하라고 적극 권유한다. 가령 코가 낮아 오랫동안 자신감을 가지지 못했다면 낮은 코를 살짝 세움으로써 자신감을 얻을 수 있도록 한다. 성형외과 의사도 이런 경우에는 성형을 적극 권유한다. 하지만 요즘에는 그렇지 않은 경우에도 너무 많은 젊은 사람들이 자신의 외모를 바꾼다.

아르노 회장의 말이 아니라도 명품은 역사가 있기 때문에 아름답다. 손때에 절어 가죽이 낡고 헤졌다 하더라도, 아니 역설적으로 낡고 헤졌기 때문에 그 명품이 아름답다. 세월을 이기고 견뎠기 때문이다. 새로 나온 브랜드가 아무리 좋은 재질, 아무리 훌륭한 디자인으로 무장했다 하더라도 원래의 명품이 가진 품격을 뛰어넘지는 못한다.

나는 그 명품의 뛰어남에서 사람과 삶의 뛰어남을 본다. 사람의 삶이 아름다운 것은 외형으로 드러나는 조형적 미 때문이 아니다. 물론 그런 조형적 미가 있으면 금상첨화다. 하지만 진정으로 아름다운 것은 그 외모에 그 외형에 살아감의 역사가 품격과 품위로 가득 차 있을 때다.

"게으르고 똑똑하지 못한 것은 용서해도 외모가 별로인 것은 용서할 수 없다." 배우자를 고르는 남자들이 이구동성으로 하는 말이다. 그런 사람들에게는 명품으로 비유되는 아름다움을 이야기해도 들으려 하지 않을 것이다. 역설적인 것은 미모를 따지는 사람들일수록 명품의 진정한 가치도 모른 채 명품 구매에 탐닉한다는 점이다. 진정 바라건대, 그 외형의 미를 구하건대 조금만 더 나아가 그

미에 한 차원 높은 가치를 부여하는 품격과 품위의 역사를 세워갔으면 한다. 그게 명품이 우리에게 주는 의미다.

## 명 품 은   문 화 다

중국의 것은 우리가 기다리든 기다리지 않든 언제나 저편에서 다가온다. 조선의 것은 이편에서 찾든 찾지 않든 언제나 우리를 기다리고 있다. 나날이 쓰는 기물로서는 후자 쪽이 더 바람직하다. 조용하고 소극적이므로 함께 마음 편히 지낼 수가 있다. 함께 지내보면 점점 더 떠나기 어려운 느낌이 인다. 항상 기다리고 있는 풍정이 마음을 끈다. 보지 않을 때라도 말없이 기다리고 있다. 조용한 기물은 마음을 어지럽히지 않는다. 방 안이 언제나 조용해진다. 일상생활상으로 본다면 나는 조선의 것을 택하고 싶다. (야나기 무네요시)

외국 사람들은 아직도 중국, 일본, 한국의 문화적 특징을 잘 구별하지 못한다. 마치 한국사람, 일본사람, 중국 사람을 잘 구별하지 못하는 것처럼. 하지만 세 나라의 문화를 조금 더 깊이 아는 사람이라면 이 세 나라가 참으로 독특한 문화를 가지고 있다는 사실을 알게 된다. 특히 한국어로 '유종열柳宗悅'이라 발음되는 일본인 야나기 무네요시는 그런 면에서 대표적이다. 그는 한국의 문화적 특성 중에서도 '편안함'과 '자연과의 혼연일체'를 가장 특징적인 점으로 지목한다. 특히 자연과의 혼연일체에 대해서는 '인간의 척도로 잴 수 없는' 것이라는 평가를 내린다.

생각해 보라. 한국의 산사山寺는 그 절의 소속이 어디든, 산을 위압하거나 산을 허무는 것이 아니라 '산 속에 파 묻혀' 산과 하나가 되고 있다. 한국의 기와집이 가지는 곡선은 중국의 '크기'나 일본의 '아기자기함'과는 다른 절제와 조화의 균형미를 가지고 있다. 자연과의 조화를 의식한 결과가 아닐 수 없다.

이런 문화 자체가 하나의 명품이다. 다른 것과 뚜렷이 구별되는 가치를 지닌다. 보면 더 보고 싶고, 같이 지내면 떠나보내기 싫다. 그러나 이런 명품은 그것을 이해하는 사람에게만 자신의 존재를 내비친다. 그것이 무엇인지 알지 못하거나, 관심이 없는 사람에게 문화라는 명품은 자신의 존재를 드러내지 않는다.

고가의 외국제 브랜드 상품만을 명품으로 인식하는 사람, 그래서 철따라 세일하는 이런 상품을 찾아다니는 사람들에게는 더더구나 자신의 존재를 드러내지 않는다. '아는 만큼 보인다.'라는 말은 그래서 거짓이 아니다.

## 치 열 함 이   명 품 을   만 든 다

작년에 나는 한 대학에서 개최하는 웅변대회의 심사를 맡아달라는 부탁을 받았다. 특이한 것은 이 웅변대회의 참가자들에게 웅변대회의 주제가 미리 통보되지 않고 대회 날에야 그 참가자들에게 한꺼번에 통보되었다는 것이다. 반면, 웅변의 순서는 그 자리에서 무작위로 결정되었다. 당연히 첫 번째로 뽑힌 학생은 불만일 수밖에 없었다. 그래서 그는 연단에 올라가 웅변을 하기 전에 다음과 같이 말했다. "존경하는 심사위원님과 학생 여러분, 이것은 공정하지 못한 시합입니다. 저는 단지 몇 분 전에야 웅변의 주제를 알게 되었습니다. 반면 내 뒤에 웅변을 하는 학생들은 준비할 시간을 저보다 더 많이 가지게 됩니다. 이것은 정말 공정하지 못한 것입니다."(인터넷에서 찾은 글)

당신은 이 글을 읽고 어떤 생각이 드는가? 이 웅변대회가 공정하다고 생각하는가? 당연히 공정하지 않다. 하지만 역설적으로 하나만 묻고 싶다. 당신이 살아가는 이 삶의 여정이 공정성, 혹은 정의와 올바름으로 가득 차 있다고 생각하는가? 혹자는 말한다. 인생의 출발은 공정하지 않을지언정, 살아가는 과정은 공정해야 한다고 말이다. 과연 그럴까? 다 빈말이다.

명품 인생을 사는 사람은 그런 공정, 불공정을 따지지 않는다. 단지 주어진 순간순간에 자신의 모든 것을 쏟아 부을 따름이다. 그도 안다. 이 사회에 얼마나 많은 불공정이 횡행하고 있는가를. 하지만 그의 관심은 공정 혹은 불공정에 있지 않고 자신의 내부에 있다. 얼마나 많은 에너지와 모티프를 내부로부터 끌어내는가 하는 것. 바로 그것이다.

자신의 손가락을 잃은 뒤 인생을 알았다고 하는 37살의 암벽등반가 박정헌은 말한다. "모든 과거는 중요한 삶의 한 부분이지만 새로운 삶을 위한 열정은 아니다. 과거는 단지 동서남북을 알리는 나침반일 뿐이다. 언제나 나침반은 고장 날 수 있다. 그래서 인생의 에베레스트에 도전하는 사람들은 예비용 나침반보다는 열정이란 두 단어를 좋아한다." 명품인생이라 말할 수 있으려면 이 정도가 되어야 하는 것 아닌가.

## 단 한 번 뿐 인 삶

중국이나 홍콩을 여행하다 보면 명품을 저렴한 가격에 구입할 수 있다는 유혹에 시달릴 수 있다. 많은 사람들이 이런 달콤한 말의 유희에 넘어간다. '명품'과 '저렴한 가격'이 어울린 마술이다. 하지만 기억하라. 명품은 결코 저렴한 가격이라는 단어와 어울리지 않는다. 그것은 명품이 아니라 짝퉁에 불과하다. 어떠한 명품을 추구하건, 그것이 자신의 얼굴이건, 문화이건, 삶이건 정당한 대가를 치르지 않고 명품을 얻으려는 것은 허망한 일이다. 그것은 품격과 품위의 역사와 전혀 어울리지 않는다.

거울을 들여다보지 않더라도 누구나 자신의 모습을 잘 안다. 그리고 그 모습이 바로 자기가 부둥켜 안고 이 삶의 끝 날까지 동행해야 할 실상임을 안다. 그래서 위대한 전략가들은 이렇게 말하곤 한다.

"바로 이 순간 다시 한 번 자신의 모습을 보라. 그래서 이 모습에

품격과 품위의 역사를 채워 걸작을 만들 것인지, 싸구려와 거짓의 옷을 입혀 가화假花를 만들 것인지 결정하라. 그런 다음 자나 깨나 그 결정을 생각하고 또 생각하라. 명심하라. 우리 삶은 단 한 번뿐이다."

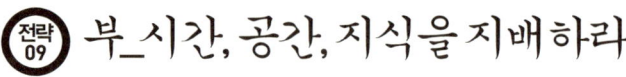

## 전략 09  부_시간, 공간, 지식을 지배하라

> 아버지: 애야, 부와 명성으로 행복을 살 수는 없단다.
> 아들: 아버지! 그렇게 되려고 노력은 해 보셨나요?
> (kabbu의 『양처럼 살 것인가 늑대처럼 살 것인가』에서 인용)

## 돈 을  보 는  두  개 의  시 선

그 날 김옥윤 씨는 예상하지 못했을 것이다. 환갑 선물을 1년 빨리 받은 것인지, 사위들이 돈을 합쳐 사준 것인지, 아니면 이도 저도 다 변명이고 남편의 카드를 직접 긁어 산 것인지 알 수는 없다. 하지만 어쨌거나 그녀는 하늘색 켈리 백을 들고 결혼식에 참석했고, 재빠른 카메라에 찍힌 그 핸드백 사진은 '사치의 숨은 그림찾기' 샘플이 되어 누리꾼 사이에 돌아 결국 국정감사의 논란거리로 부상했다. 이는 연예인이나 해외 셀리브러티들의 파파라치 사진과는 개념이 다르기 때문이다. 이 논쟁을 바라보며 꺼림칙한 것은 1000만 원 짜리 핸드백을 향한 악의에 찬 시선 때문이다. '어떻게 핸드백이 그렇게 비쌀 수 있나?' 하며 수없이 달린 비난의 댓글. 물건의 가치와 부의 운용에 대한 단편적 시각이 느껴진다. 왜 핸드백이 1000만 원이나 하면 안 되는가? (「럭셔리」 2007년 12월 호에서 인용)

2007년 대선 당시 한 후보 부인의 작은 가방 때문에 누리꾼 사이에서 잠시 논란이 있었다. 그리고 그 논란은 국회의 국정감사에서 재연되기까지 했다. 물론 정치인의 아내라는 점 때문에 논란이 과장된 면이 없지 않다.

하지만 한 번 물어보자. 핸드백이 1000만 원 하면 안 되는가? 이 글을 읽는 당신은 어떻게 생각하는가? '도대체 소형 차 한 대 값이나 되는 가방을 들고 다니다니, 그거 지나친 사치 아니야? 서민들이 어떻게 생각하겠어?' 라고 생각하는가? 아니면 '정당하게 번 돈으로 명품을 사서 들고 다니는 게 무슨 문제가 된단 말이야? 우리나라는 자본주의 사회 아닌가?' 라고 생각하는가? 당신은 어느 쪽에 가까운가?

이런 논란은 옳고 그름의 문제라기보다 돈과 부를 바라보는, 아니 더 나아가 자신의 인생을 바라보는 견해와 시각의 차이를 나타낸다. 솔직히 말하자. 당신은 부자가 되고 싶지 않은가? 부자가 되고 싶기는 한데 방법은 모르고 그렇게 되기 위한 길은 험난하니 혹 이렇게 말하고 있지는 않은가? '부자는 다른 사람에게 돌아가야 할 이익을 가로채는 나쁜 사람' 이고, '가난한 사람은 착하게 살았기 때문에 부자가 될 기회를 스스로 포기한 사람' 이라고.

그러니 만약 당신이 부자가 아니라면 스스로 '나는 착하게 살았기 때문에 그래' 라는 어처구니없는 말로 위로하고 있지나 않은지 돌이켜 볼 일이다.

1000만 원이나 하는 가방이 타당한 지 아닌지 판단할 지식과 정보는 나에게 없다. 하지만 이 논란에 어떤 태도를 취하느냐 하는 것이 현재와 미래의 경제적 상태를 보여주는 것은 분명하다. 그러니 중요한 것은 자신이 진정으로 원하는 것에 대해 아닌 척 하지 말라는 것이다. 그렇게 솔직해질 수 있다면 다른 사람이 가지고 있는 떡을 부러워하는 대신, 자신이 가질 수 있는 떡의 크기를 늘리는데 모든 힘을 쏟을 수 있다.

## 돈 은   어 디 로   흐 르 는 가

지금까지의 경제는 돈의 흐름에 기반한 일종의 '머니 이코노미'(money economy)였습니다. 각종 비즈니스와 주식시장 등이 화폐를 매개로 형성됐습니다. 이 부분 외에도 다른 영역의 경제가 빠르게 등장하고 있습니다. 경제적 가치, 즉 부를 창출하지만 화폐로는 계산이 안되는 '넌머니 이코노미(non money economy)'가 그것입니다. 두 가지 경제는 매일같이 결합되면서 꾸준히 새로운 부를 창출하고 있습니다. … 그리고 이 새로운 부를 창출하는 과정에서 세 가지 요소가 아주 중요한 역할을 하고 있습니다. 시간과 공간, 그리고 지식이 그것입니다. 이 세 가지는 서로 어우러져 지금까지와는 그 유례를 달리하는 혁명적인 부를 창출하고 있습니다. (앨빈 토플러, 「한국경제신문」과의 인터뷰)

조금 어렵다. 미래의 부가 어디에서 나오는지 그 궁금증을 풀려하는데 앨빈 토플러는 시간, 공간, 지식이 결합되어 새로운 부가 창출된다는 다소 선문답 같은 말을 하고 있다. 그러니 쉽게 말하자.

먼저 시간. 지금 세상은 IT를 바탕으로 눈썹 휘날리게 빠르게 돌아가니 그 시간의 속도에 맞추어야 한다. 개인, 기업, 국가 어느 경제 주체이건 세상의 변화 속도에 맞추어 스스로를 변화시키지 않으면 새로운 부를 창출할 수 없다는 얘기다.

다음 공간. 다 아는 바와 같이 이제 모든 기업은 글로벌 기업이 되어야 한다. 그러지 않고 한반도라는 좁은 지역에 사로잡혀서는 성공은커녕 생존하기도 어렵다.

마지막으로 지식. 새로운 부를 창출하는 것은 토지도 노동도 아니다. 미래의 부를 창출하는 것은 토지와 노동을 결합하고 활용하고 응용할 수 있는 정보와 지식이다.

이런 것들을 안다고 어떻게 돈을 버느냐고? 맞는 말이다. 시간, 공간, 지식을 아무리 선문답처럼 외워도 당신의 구좌에 돈이 모이지는 않는다. 하지만 세상이 어떻게 변하고 있는지, 미래의 거대한 부가 어느 방향으로 가고 있는지 알지 못하고는 당신 주머니의 떡을 늘릴 방도를 찾을 수 없다. 그러니 이런 사실들을 알아두는 것은 경제학자들이 즐겨 말하는 돈과 부를 모으기 위한 '기본 인프라'에 해당한다. 세상에 인프라 없이 되는 것은 어디에도 없다.

## 형 태 는  열 정 을  따 른 다

기억하라. 신은 돈이기도 하다. 신은 비즈니스 안에도 있다. 산과 구름 속에, 사원과 교회에 신이 있듯이 신은 은행에도 있다. 시장 바닥에서 신의 모습을 보기란 쉽지 않다는 것을 안다. 그럼에도 불구하고 신은 그곳에도 있다. 지혜로운 눈으로 깊이 볼 수만 있다면 우리가 어디에 있든지 틀림없이 신의 모습을 발견할 수 있다. (도널드 월터스의 『돈을 끌어오는 사람, 돈을 밀어내는 사람』에서 인용)

하나님을 돈이라고 말하는 것은 어찌 보면 불경不敬일 수 있다. 어떻게 하나님과 돈을 같은 반열에서 비교할 수 있느냐는 것이다. 하지만 다 아는 바와 같이 돈 그 자체는 무해무익하다. 그것을 어떻게 사용하느냐에 따라 그 가치가 달라질 따름이다. 문제는 그렇다면 돈을 모으는 일에, 자신의 부를 모으는 일에 왜 하나님이 개입되어야 하느냐는 것이다.

하나님을 깊이 갈구해 본 사람이라면 하루 종일 하나님만을 생각하고 바라는 것이 무엇인줄 안다. 그리고 그런 상태에서 어떤 감정이 솟아나는지도 안다. 기쁨과 풍요가 바로 그것이다. 세상의 모든 좋은 것은 기쁨과 풍요의 감정을 수반하지 않고서는 만들어질 수 없다. 돈이라고 예외가 아니다. "어떤 사람이 돈이 충분하지 못한 이유는 생각으로 돈이 오지 못하게 막고 있기 때문이다. 모든 부정적인 생각이나 감정이나 느낌은 좋은 것이 당신에게 오지 못하게 막는다. 좋은 것에는 돈도 해당된다." 『시크릿』이라는 책에 적혀 있는 말이다.

'형태는 열정을 따른다Form follows emotion.' 세상에 존재하는 모든 좋은 것은 그것이 유형이든 무형이든 먼저 그것을 만든 사람의 생각과 인식 속에서 출발한다. 하지만 사람의 생각과 인식 속에 있다고 해서 모두 다 외부로 드러나지는 않는다. 열정이라는 뜨거운 감정적 반응이 뒷받침되어야 한다. 열정이 세상을 바꾸는 것처럼, 열정이 당신을 바꾸는 것처럼, 삶을 위한 당신의 경제적 부 역시 '돈을 향한 긍정적인 열정' 이라는 좋은 감정으로부터 출발해야 한다.

## 풍 요 로 운   삶

돈과 풍요는 다르다. 큰 부자이면서 고약한 인품의 소유자가 있듯이 항상 '영적' 이면서 힘들고 궁핍한 사람도 있다. 이 두 부류의 사람은 돈의 유무에 관계없이 풍요로운 인생을 사는 사람이 아니다. 풍요로운 삶에는 돈과 그 돈을 둘러싼 아우라가 더해져야 한다. 다시 말해 인생은 모든 면에서 풍요로워야 한다. '돈' 만이 아니라 '돈' 까지 포함한 '모든' 면에서 말이다.

이렇게 말하면 꼭 딴지 같은 질문이 나온다. 자기는 영적으로 풍요한 인생을 살고 싶기 때문에 '돈' 에 관해서는 나중에 생각하겠단다. 그러면서 자신은 법정 스님 같은 고매한 생활을 바란단다. 하나만 알고 둘은 모르는 법. 법정 스님은 자신에게 다가오는 '돈'을 세상에 베푼 것이지, 아예 돈을 버는 방법을 몰랐던 것은 아니다. 법정 스님이 인세 수입만 해도 상당하다는 것에는 왜 그리 무관심한 척 하는지.

'돈'을 벌 줄 알면서 돈에 관심이 없는 것과 '돈'을 벌 줄도 모르면서 돈에 무관심한 것은 전혀 다르다. 자기가 따 먹지 못할 포도니 '"저것은 신 포도다!"라고 외치는 이솝 우화의 여우와 다를 바 없다. 이런 사람에게는 자본주의의 첨병인 뉴욕을 빗대어 한 다음과 같은 말을 불세례처럼 쏟아주고 싶다. 정신차리라고.

미국 서부나 안락한 시골에서 뉴욕에 온 사람들을 쳐다보는 뉴요커의 눈빛은 이렇게 말한다. 나는 거리를 항해할 줄 안다. 나는 경쟁의 치열함을 안다. 나는 생존의 어려움을 안다. 나는 위대함을 위해 희생할 줄 안다. 나는 제도와 현실을 넘어서서 싸울 줄 아는 용사다. 나는 혼자서 수백 마리 들소를 공포의 도가니로 몰아넣을 수 있는 사람이다. 너는 누구냐? (조승연의 『나는 맹수의 눈을 갖게 되었다』에서 인용)

세계화_세계에 도전하라

가장 개인적인 것이 가장 보편적이며 가장 한국적인 것이 가장 세계적이다.
단, 거기에는 열려있는 마음이 있어야 한다.

## 우 리 는  무 엇 을  하 고  있 는 가

개인적인 이야기 하나로 이 장을 시작하고 싶다. 1985년 4월. 제네
바에서 GATT 연수를 마치고 귀국하는 길에 파리를 경유하게 되었
다. 해외여행이 자유화되기 전이라 미리 정부의 허락을 받아야만
제네바와 파리를 갈 수 있던 시절. 그러니 제네바이건 파리이건 나
에게는 초면일 수 있었다. 제네바에 체류하면서도 놀라운 경험을
하지 않은 것은 아니었으나, 1985년에 처음 들른 파리에서 받았던
문화적 충격은 아직도 생생하다.

개선문 위에서 파리 시가지를 내려다 본 뒤 샹젤리제 거리를 지
나 콩코드 광장으로 걸어 내려오면서, 그리고 세느 강을 따라 숙소

까지 무작정 배회하며 20대 후반의 그 때 내 머리 속은 하나의 생각으로 가득 차 있었다. '우리는 도대체 무얼 하고 있었던가?'

걸으면서 부딪치는 파리의 모든 것은 역사와 예술이 오버랩되어 나름의 품위를 자랑하는데 '파리와 비견되는 우리의 서울은 도대체 왜 이 모양인가?' 해답이 나올 리 없었다. 돌아오는 비행기 안에서, 돌아온 뒤 서울의 거처에서 지인들과 아무리 격론을 벌여도 답이 나올리 없었다. 이립而立의 나이도 되지 않았던 20대 후반, 그 때의 이 경험은 그 이후 내 삶의 일부분이 되었다.

그 뒤 많은 나라, 많은 도시를 다녔다. 파리를 처음 방문했을 때의 감흥에는 미치지 못하지만 런던에서 헬싱키에서 워싱턴에서 뉴욕에서 로마에서 브뤼셀에서 심지어 동도쿄에서도 그런 가슴앓이를 하곤 했다.

그 도시들에서 바라보는 우리의 한국과 서울은 도대체 불만족스럽고 초라하기 짝이 없었다. 경제규모, 문화의 질, 무엇보다도 사람들이 살아가는 모습을 보며 '우리는 왜 이렇게 살아야 하나?' 하는 자괴감에 시달리곤 했다. 그 뒤 미국에서 공부를 하면서도 이 공부가 그런 자괴감의 해소에 일조할 수 있기를 간절히 바랐다. 그러니 그 때, 세계의 품위 있는 국가와 도시, 그리고 한국과 서울의 격차는 그 정도로 벌어져 있었다.

# 세 계 , 서 울 그 리 고 부 산

부산을 방문한 지인들은 두 가지 사실에 깜짝 놀란다. 해운대를 중심으로 한 부산의 아름다운 자연경관에 놀라고, 그럼에도 불구하고 경제규모가 수도권에 비할 수 없이 열악하다는 데에 또 한 번 놀란다.

부산에 둥지를 틀고 있으면서 여러 가지 일로 자주 서울에 간다. 부산에서 서울로 갈 때마다 그리고 변화하는 서울의 모습을 볼 때마다 과거 1980년대 해외에서 서울을 생각할 때의 안쓰러움이 그대로 살아난다. '우리는 도대체 무엇을 하고 있었던가' 하는 그 느낌이 이제 '부산은 도대체 무엇을 하고 있었던가'로 바뀌는 것이다.

그렇지 않다고 주장할 사람도 있겠지만 이화여대 앞이나 신림동의 커피숍은 흡사 보스턴의 대학가를 방불케 한다. 청담동과 테헤란로에서 파리의 라데팡스 분위기가 느껴지는가 하면, 광화문과 청계천 그리고 용산에서는 일본의 롯본기 힐스의 모습이 오버랩된다. 서울이라는 도시 전체가 1980년대의 우중충한 모습에서 하나씩 탈피하고 있다. 작게는 사회 구성원의 눈길과 표정 그리고 그들이 던지는 질문과 문제의식에서, 크게는 서울이라는 도시가 지향하는 목표에서, 더 크게는 경제규모 세계 11위 국가의 수도가 변하는 그 움직임에서 과거와는 다른 '기氣'를 느낀다.

잘 못 느낀 것이라고 윽박지른다면 아무 할 말이 없지만 서울에서 KTX를 타고와 부산역을 빠져나올 때나, 김해공항의 로비를 빠져나와 시내로 들어올 때면 내가 잘못 생각하지 않았다는 것을 새삼 절감하곤 한다. 더 나아가 장전동이나 대연동의 거리에서, 그 곳을 오가는 그 학생들의 모습에서 '이 곳이 부산이구나' 하는 것을 다시 느낀다. 부산으로 내려온 지 5년이나 되어 익숙할 만도 한데, 아직도 부산 곳곳의 모습에서 이상한 허전함과 괴리감을 느낀다.

서울의 지인들에게 이런 이야기를 하면 나를 '이상한 나라의 앨리스' 보듯 한다. 부산의 지인들에게 이런 이야기를 하면 '이제야 그걸 아느냐'는 표정을 짓는다. 서울에서 부산으로 내려왔거나, 부산에서 서울로 이주한 지인들은 내가 이런 이야기를 하면 공감한다고 다들 한마디씩 한다. 특히 부산에서 서울로 이주한 지인들은 "조금 더 빨리 서울로 왔더라면." 하는 탄식 아닌 탄식을 한다. 아, 이게 말이 되는가?

## 세 계 화

"지구는 평평하다(The world is flat)." 이 말은 IT와 인터넷의 보급으로 세계에 더 이상 장벽이 존재하지 않게 되었다는 것을 의미한다. 세계를 가로막고 있는 국가라는 장벽, 거리의 장벽, 시간의 장벽이 점차 의미가 없어지고 있는 것을 말한다. 그래서 세계는 거대한 하나의 시장으로 변하고 있다. 세계가 하나의 시장으로 변해가면서 한국과 아무리 멀리 떨어진 곳의 사건이라 할지라도 그 즉시 한국에 영향을 주는 시대가 되고 있다. 뉴욕에서 나비가 날개 짓을 하면 북경에 폭풍우가 몰아치는 것처럼 전 세계는 하나로 연결되고 있다. 미국이 연방금리를 올리거나 내리면 한국의 주식시장은 즉각적인 영향을 받고, 중동지방에서 테러가 일어나면 그 즉시 한국의 기름가격이 오르는 것을 우리는 이미 경험하고 있다. 따라서 제대로 살아가기 위해서는 이런 세계의 변화를 알고 능동적으로 대처해야 한다. (필자의 글 「우리 아이들이 학교에서 반드시 배워야 할 내용은 무엇인가」 중에서)

우리끼리 잘 해서 우리끼리 잘 살자. 이제는 통하지 않는 구호다. 세상과의 소통을 거부한 채 혼자서 살아갈 수 없는 것처럼, 한 지역사회도 그 지역만 생각해서는 더 이상 번성할 수 없다. 문을 열고 소통하는 방법을 배워야 하며, 소통하면서 자신이 도달할 목표, 즉 자신의 눈높이를 높여야 한다.

우선 문을 열고 소통하는 것. 그것은 바로 '수단으로서의 국제화'를 의미한다. 부산뿐만 아니라 부산과 비슷한 지역사회가 새롭게 발전하기 위해서는 무엇보다 먼저 현재의 모든 것을 바꾸어 세계와 소통하려는 노력을 해야 한다. 한 도시 전체를 영어가 통하는 도시로 바꾸어도 좋고, 외자유치에 도시의 모든 행정력을 쏟아도 좋고, 문화도시로의 환골탈태를 위해 '구겐하임 박물관 분관'을 유치해도 좋고, 공공디자인을 통해 도시 전체를 하나의 디자인 작품으로 바꾸어도 좋다. 중요한 것은 세계로 열려 있어야 한다는 것이다.

다음 자신의 눈높이를 더 올리는 것. 부산은 서울보다는 홍콩, 싱가포르, 런던, 뉴욕, 아니 그보다는 이들 도시 모두를 뛰어넘는 것에 초점을 맞출 필요가 있다. 이것은 다름 아닌 '목표로서의 국제화'를 의미한다. 어떤 방향으로든 '한국 일등 도시'가 아니라 '세계 일등 도시'가 되겠다는 목표를 잡아야 한다. 센텀시티의 문화와 관광산업, 기장과 해운대의 엔터테인먼트 산업, 강서와 신항의 해운물류 산업, 중구와 서면의 교육사업, 그것이 무엇이건 한국 제일의 경쟁력이 아니라 세계 제일의 경쟁력을 가지도록 생각하고 노력하고 만들어야 한다.

## 부 산 을  넘 어  한 국 을  넘 어

부산이 사는 방법은 지금의 부산을 뛰어넘는 것이다. 그래서, 그리고는 한국도 뛰어넘어야 한다. 부산을 넘고 한국을 넘어야 부산이 산다. 부산뿐만 아니라 우리나라 어느 지방 도시에서도 마찬가지인 얘기다.

뜬구름 잡는 이야기라고 말할지 모른다. 맞다. 구름 잡는 이야기다. 하지만 구름 잡는 이야기가 아니고서는 비전이 나오지 않는다. 현실의 민망함과 누추함에 사로 잡혀서는 결코 비전이 나올 수 없다. 그러니 구름 잡는 이야기일망정 해야 한다. 그래서 이런 비전에 공감한다면, 아니 이런 비전에 일말의 진실이라도 보인다면 이제 그 비전을 구체화할 전략을 세워야 하지 않겠는가? 그런데 아무리 생각해도 그 비전의 출발점은 사람일 수밖에 없다. 그렇지 않은가? 학기가 끝날 무렵 초롱초롱한 눈으로 나를 바라보는 제자들에게 하는 말로 이 글의 말미를 대신하려 한다.

"부산을 떠나세요. 부산을 살리기 위해서는 역설적으로 부산을 떠나기 바랍니다. 여러분의 경쟁상대는 부산도 아니고 서울도 아니고 세계입니다. 그러니 몸도 부산을 떠나고 마음도 부산을 떠나세요. 하지만 그런 뒤 다시 부산으로 돌아오세요. 눈썰미 있는 사람이라면 압니다. 부산이 변하고 있다는 것을. 부산에서 특히 센텀시티에서 조금씩 뉴욕 맨해튼의 분위기가 느껴지지 않던가요?"

2부

# 30년의
# 도전

세계는 자신이 스스로 그 곳으로 나아가지 않으면 단지 하나의 대상에 지나지 않는다. 2부에서는 앞의 1부에서 살핀 세상의 변화를 가슴에 안고 세상으로 나아가는 것에 대해 이야기하고 있다. 설익은 말일지 모르나 그 나아감을 강조하기 위해 '도전'이란 단어를 사용하고 있다.

　도전이라니. 세상은 도전하면 스스로 문을 열어 제끼는 그리 만만한 곳이 아니다. 혹은 도전하면 제 풀에 주저앉아 버리는 마음 약한 대상물도 아니다. 더 나아가선 도전이라는 행위를 통하여 쉽게 정복할만한 대상이 아니다. 그럼에도 불구하고 도전이라는 말을 쓴다. 무모하게 보일지 모르나 그 말에는 '그럼에도 불구하고 앞으로 나아가는' 마음에서 우러나오는 용감함이 어느 구석엔가 배어 있기 때문이다.

　역시 1부에서와 마찬가지로 10가지 전략을 추려보았다.

절대 기죽지 마라. 위대한 꿈을 꿔라. 하고 싶은 일에 미쳐라. 남다른 길을 가라. 평범을 거부하라. 반기를 들어라. 상대를 꿰뚫어라. 배려하라. 좌고우면하라. 높게 멀리 보라.

　세상에의 도전을 통해 바라는 것이 무엇일까? 성공일 것이다. 성공이라는 단어를 어떻게 정의하건 그 도전의 결과 자신이 바라는 상태가 자신에게 도달하기를 바랄 것이다. 그렇게 되기를. 그 성공을 위해 10개의 전략이 필요하지만 정작 그 전략을 가슴에 품고 '도전' 하기 위해 필요한 것은 담대함이다. 그러니 그 담대함으로 10개의 전략을 살피기 바란다.

 하지만 이 10개의 전략도 많을 수 있다. 그래서 변화하는 세상을 염두에 두면서 자신이 바라는 상태를 얻기 위한 전략 세 가지만 선택하라고 하면 어떻게 해야 할까? 나는 무엇보다도 먼저 '하고 싶은 일에 미쳐라' 를 들고 싶다. 세상과 자신에 징징대는 아마추어가 아닌 프로가 되지 않고서는 성공의 그림자도 밟기 어렵기 때문이다. 그 다음으로는 '위대한 꿈을 꿔라' 와 '높게 멀리 보라' 를 들고 싶다. 1부에서 말한 변화와 상상은 이 두 가지 전략 속에서 제대로 구현될 수 있기 때문이다.

## (전략 11) 절대 기죽지 마라

문득 아름다운 것과 마주쳤을 때 / 지금 곁에 있으면 얼마나 좋을까 하고
떠오르는 얼굴이 있다면 그대는 / 사랑하고 있는 것이다
그윽한 풍경이나 / 제대로 맛을 낸 음식 앞에서 / 아무도 생각하지 않는 사람
그 사람은 정말 강하거나 / 아니면 진짜 외로운 사람이다
종소리를 더 멀리 보내기 위해 / 종은 더 아파야 한다 (이문재의 「농담」 전문)

## 스 티 브  잡 스

그는 태어나자마자 버림을 받은 뒤 다른 사람의 가정에 입양된 입양아였다. 호기심 때문에 바퀴벌레 약을 삼키기도 할 정도로 철이 없었다. 간신히 대학에 들어갔지만 3학기 만에 중퇴하고 만다. 첫 딸을 낳아준 여자를 무참히 버리기도 했고, 함께 일했던 동료들에게는 폭군으로 불리기도 했다. 나이 30세에 자기가 세운 회사로부터 쫓겨나기도 했고, "그가 있는 곳에선 항상 배신과 다툼, 편 가르기가 일어났다."는 비난도 받았다. 이 정도 형편이면 어떤가? 출생신분이나, 교육, 경제력 등 모든 면에서 가히 바닥인 상태라고 할 만하다. 하지만 이 사람이 아이팟ipod이라는 MP3플레이어 하나로

세계를 사로잡은 스티브 잡스 바로 그 사람이다.

소니의 워크맨 이후 'ipod! therefore, I am(나는 아이팟을 듣는다. 그러므로 존재한다).' 라는 세기적 문화현상을 불러일으킨 바로 그 사람이다. 어떻게 이런 일이 가능했을까? 가능한 하나의 답은 바로 이 말에 있다. '인생은 영원하지 않다. 다른 이의 삶을 살면서 시간을 허비하지 말아라'. 자기 자신에 충실했다는 것. 외형적으로 아무리 비참한 상태에 놓여있다 하더라도, 다른 사람이 아무리 자기를 비난한다 하더라도 웃으면서 받아넘기고, '자신이 어떤 사람인지, 자신이 무엇을 원하는지' 그것에 충실했다는 것이다.

이렇게 말하면 꼭 반론이 나온다. 스티브 잡스처럼 유명한 사람에게만 적용되는 말이지 우리 같은 평범한 사람에게는 해당하는 사항이 아니라는 얘기다. 하지만 태어날 때부터 유명하도록 성공하도록 조건 지워진 사람이 어디 있겠는가.

## 서 툰  총 잡 이

A, B, C 세 사람이 결투를 한다. 승부는 두 번에 걸쳐서 하되 A, B, C 순서대로 한 사람씩 총을 쏘기로 했다. 하지만 A의 명중률은 30%, B와 C의 명중률은 각각 80%와 100%다. 세 사람 중 누가 살아남을 확률이 가장 높을까?(이 사례는 『thinking strategically』라는 책에서

인용하였다) 얼핏 보면 C의 확률이 가장 높을 것처럼 보인다. 총의 명중률이 가장 높기 때문이다. 하지만 과연 그럴까? 우선 제1회전. A의 최선의 전략은 B와 C를 둘 다 쏘지 않는 것이다. 30%의 명중률로 자칫 이들을 쏘았다가는 원수가 되기 십상이다. 역설적이게도 하늘을 향해 쏘는 것이 최선이다. 그러면 다음 순서인 B는 C를 쏠 것이고, 만약 B가 C를 죽이지 못하면 다시 C가 B를 쏠 것이다. 결국 B와 C 둘 중 한 사람만 살아남는다. 2회전에 접어들면 A는 1회전에서 살아남은 B나 C 중 한 사람을 쏘게 되고 자신은 30%의 확률로 살아남게 된다. 이런 가정을 하면, 가장 명중률이 높은 C의 생존확률은 14%에 불과하게 된다. 제일 약한 사람이 제일 강한 사람보다 살아남을 확률이 높게 되고, 약육강식의 원리가 반드시 작동하지는 않게 되는 것이다.

위의 게임은 물론 가상의 사례다. 하지만 돈이 제일 많다고, 머리가 좋다고, 얼굴이 잘 생겼다고 인생에서 '항상' 성공하는 것은 아니라는 사실을 상징적으로 보여준다. 그래서 적절한 조건만 주어진다면 열악한 처지에 있을 때 오히려 인생에서 성공할 가능성이 높아진다. 그러니 중요한 것은 잘나고 못난 것 그 자체가 아니라 자신의 모습을 있는 그대로 받아들이고 사랑할 줄 아는 자세다. 거기에 한 가지를 더 보탠다면 '종소리를 더 멀리 보내기 위해 종이 더 아파야' 하는 것처럼 자신에게 얼마나 더 많은 의지와 결의를 불어 넣어 주위의 냉대와 불합리와 편견을 극복할 수 있냐는 것이다.

스티브 잡스를 보라. 그는 자기 자신을 위협하거나(열등의식), 자신에게 벼랑 끝 전술을 사용하거나 (자살에의 충동), 다른 사람의 블러핑에 넘어가거나(외부의 평가에 민감하게 반응하는 것), 자신과 적당히 타협하는 것(자신의 원칙을 지키지 않는 것) 등 자신의 가치를 떨어뜨리거나 자신에게 해로운 결과를 가져오는 전략을 결코 사용하지 않았다. 대신 그는 자주 말하곤 했다. "미련할 정도로 자기 자신만의 길을 가라".

## 서 진 규

그녀는 가난한 엿장수의 딸로 태어났다. 가발공장 여공, 식당종업원, 골프장의 캐디 생활을 전전하다가 하도 힘들어 미국에 건너간다. 하지만 그 곳에서도 남편의 폭력에 시달리고 생활고에 시달린다. 그래서 두 번의 이혼을 경험하기까지 한다. 먹고 사는 문제를 해결하기 위해 미 육군에 자원입대하지만 삶은 여전히 고달프다. 여건이 이 정도쯤 되면 자기 삶에서 무슨 특별한 것을 기대할 수 있을까? 하지만 바로 이 사람이 쉰 살을 넘긴 나이에 여자의 몸으로 하버드 대학에서 박사 학위를 받은 서진규다.

하버드 대학을 별 것 아닌 것으로 간주할 수도 있다. 하지만 바랄

① 스티브잡스
② 서진규

수 없는 여건에서도 희망을 가지고, 그 희망을 현실로 성취한 것 만
큼은 보통 일이 아니다. "현재의 나를 정확히 파악하고, 희망에 도
전하려는 나를 알고 있다면, 그 희망은 이미 절반을 이룬 셈입니
다." 그의 말이다.

당신이 성공을 무어라 정의하건, 인생을 살아가는 자신과 그 자
신에게 힘과 동력을 주는 또 다른 자신과 원만한 관계를 성립하지
못한다면 그것은 진정한 성공이 아니다. 심리학적 개념을 빌리자
면, 그 원만한 관계는 '자신 내부에서의 균형획득' 이라고 표현할
수 있다. 즉, 대부분의 경우 자신의 내부에는 두 개의 자신(행동하
는 자신과 그것을 바라보는 또 다른 자신) 사이에 긴장이 존재하는
데, 무엇인가를 성취하기 위해서는 이 양자 간의 긴장관계를 협력
적인 관계로 바꾸는 과정이 필요하다는 것이다. 서진규 씨는 희망

이라는 꿈을 매개로 '열악한 현실 속의 자신'과 '꿈을 이룬 미래의 자신'을 갈등 없이 하나로 묶는데 성공했던 것이다.

## 약 자 도 지 용

외형적인 것이 자신의 현재 삶에 대한 변명이 될 수 없다는 것을 계속해서 설명했다. 거듭 말하면, 약하다는 것, 힘이 없다는 것, 지능이 모자란다는 것, 경제적 배경이 없다는 것, 용모가 처진다는 것과 같은 외부로 드러나는 속성은 자신이 인생에서 어느 정도의 성취를 이루느냐 하는 문제와는 전혀 관계가 없다. 자신을 있는 그대로 인정하고 사랑하기만 한다면, 그래서 자신 내부에 있는 두 개의 자신을 하나로 아우르는 균형을 이루면, 스스로 이루지 못할 꿈은 없다는 얘기다.

심리학과 게임이론까지 동원하여 설명한 이 개인적 성공원리는 사실 전혀 새로운 것이 아니다. 도덕경은 이런 원리를 약자도지용 弱者道之用으로 말하고 있다. 약弱이라는 것. 힘세지 못하고 약하고, 억세지 못하고 부드럽고, 강인하지 못하고 유약하고, 바람 앞에 우뚝 서지 못하고 바람 불 때마다 흔들리는 그런 특징이 바로 '도가 사용하는 바道之用'라는 것이다. 도道, 즉 성공이 바로 그런 약함을 사용함으로 이루어진다니 놀랍지 않은가.

이 뿐 아니다. 도덕경은 그 성공원리의 구체적 방법까지 말하고 있다. 바로 약자도지용의 대구對句인 반자도지동反者道之動(자신의 근본으로 돌아가는 것이 도의 움직임이다)이 그것이다. 그 말의 의미인즉, 외형적인 형상은 자신 본체의 드러남에 불과하니 그 외형 이전의 자신으로 돌아가는 것이 바로 도를 이루는 것이라고 말한다. 도를 어렵게 이해할 필요가 없다. 도가 바로 성공이니, 도를 이루는 출발점이 바로 자신의 근본으로 돌아가는 것이고, 자신의 근본으로 돌아가 자신과 합일을 이루는 것이 도를 이루기 위한 최선의 방책이라는 얘기다.

# 위대한 꿈을 꿔라

인생에서 일어나는 모든 일의 결과가 되지 말고 원인이 되라. 개인적 우주의 주변에서 살지 말고 중심에서 살라. 진정한 자신이 되라. (도널드 월터스의 『돈을 끌어오는 사람, 돈을 밀어내는 사람』중에서)

## 사 도 바 울

사도 바울, 그는 기독교를 현재와 같은 위치로 끌어올린 사람이라고 평가받고 있다. 로마서를 집필함으로써 기독교의 교리를 완성했을 뿐 아니라 신약 성경의 많은 부분을 저술함으로써 기독교 신앙의 뿌리를 내린 사람이다. 그래서 그의 이름에는 '사도'라는 명칭이 따라 다닌다.

익히 알려진 바와 같이, 그는 초기에 유대교의 정통 원리에 사로잡혀 오히려 기독교도를 박해하던 사람이었다. 하지만 다메섹Damascus으로 가는 길에서 강력한 영적 체험을 한 뒤 기독교를 전파하는 사람으로 180도 바뀐 삶을 살아가게 된다. 그 전환이 얼마나 강력한지 그는 '내가 그를 위하여 모든 것을 잃어버리고 배설물로 여김은(빌립보서 3장 8절)'이라 할 정도로 자기를 낮추고, '내게 사는 것이 그리스도니 죽는 것도 유익함이니라(빌립보서 1장 21절)'이라는 고백을 하기도 했다. 예수를 위해서라면 거리에 뒹구는 배설물이 되어도 좋고, 예수를 위해서라면 생명을 버리는 것도 오히려 유익하다는 겸손의 극치를 보여주고 있다.

하지만 기독교를 박해하던 자가 이제는 예수를 만나 그를 전파한다고 하니 기존의 예수 제자들이 쉽게 인정할리 만무했다. 사도행전에서는 예수의 제자들이 바울을 얼마나 꺼려했는지가 여실히 적혀 있다. '바울이 예루살렘에 가서 제자들을 사귀고자 하나 다 두려워하여 그의 제자됨을 믿지 아니하니(사도행전 9장 26절).' 자기들을 죽이려 하던 자가 이제는 친구라고 다가오니 누가 선뜻 손을 내밀 수 있겠는가. 하지만 바울은 그런 의심을 넘어서 이방인들에게 복음을 전파하는데 자신의 삶을 걸게 된다.

나는 여기서 기독교 전파에 공이 큰 바울의 신앙 역정을 이야기하는 것이 아니다. 한 인간이 자신의 삶 전체를 바꾸어 인생에 대한 새로운 목표를 정하는 것은 결코 쉬운 일이 아니라는 점을 말하고 싶은 것이다. 더 나아가 그 목표의 크기가 어느 정도인지 한 번 헤아려 보라는 것이다. 그는 말한다. '이제 내가 육체 가운데 사는 것은 나를 사랑하사 나를 위하여 자기 몸을 버리신 하나님의 아들을 믿는 믿음 안에서 사는 것이라 (갈라디아서 2장 20절).' 자기 몸을 부인하면서까지 예수를 증거하는 것. 그게 그의 목표였고 꿈이었다.

## 권 기 옥   할 머 니 의   꿈

꿈을 가지라우! 꿈이 없으면 송장이나 다를 게 없디 않가서! 특히 젊은이들은 꿈이 있어야 돼! 내 지금 열댓 살이라면 말이야, 우주비행사를 꿈꾸갔어. 우주여행을 하고 싶단 말이디. 미국 아해들이 달에 갔다 왔다는데 우리라고 와 못 가갔어. 갸들은 밥을 다섯 끼를 먹니 열 끼를 먹니. 다를 거 없어야. 할 수 있다는 자신감을 가지라우. 못 할 게 뭐가 있어. 저지르고 보는 기야. 댐벼 들고 보는 기야. 안된다, 못한다, 기딴 생각은 집어 치우라우. 아이 되면 별 수 없지 어카갔어. 길티만 말이디, 해보지도 않고 아이 된다고 생각하지 말라 이 말이야. (권기옥 할머니의 말)

우리나라 최초의 여성 파일럿. 나라를 빼앗기고 한참 어지러운 시대를 살았던 권기옥. 그녀는 집안의 가난에도 여성차별에도 식민국의 국민이라는 조건에도 뜻을 굽히지 않았다. 도박으로 재산을 날린 아버지와 몸이 약해 드러누운 어머니 아래서 집안일을 돌보고 막내 동생을 맡아 키우다시피 하면서도 자신의 꿈을 잃지 않았다. 중국으로 건너가 남자와 동등한 교육과 훈련을 모두 견뎌내며 악착같이 공부했다. 독립운동 혐의로 몇 번을 잡히고 고문도 받고 옥살이를 하면서도 자신의 꿈을 잃지 않았다. 그런 할머니가 저 세상으로 돌아가기 전 한 인터뷰에서 질박한 사투리가 담긴 목소리로 한 말이 바로 위의 말이다.

일흔이 넘은 할머니가 하는 말이라고 생각해 보라. 당신은 일흔이 넘어서 이런 말을 주위 사람들에게 해 줄 수 있겠는가? 꿈을 실현하려 자신의 인생을 걸어본 사람이 아니라면, 그 꿈이 뼈에 사무친 사람이 아니라면 이런 말을 할 수 없다.

## 최 유 림 의  목 표

목표가 뚜렷해졌으니까 한 길로 매진만 하면 되었다. 목표를 갖는 것은 정말로 중요한 일이다. 뭔가 확실한 목표가 있는 사람하고 아무 목표도 없는 사람은 매일 매일을 살아가는 자세가 하늘과 땅만큼이나 다르다. 목표가 없으면 끈이 떨어진 연 같다고나 할까? 바람이 부는 대로 날아다니긴 하는데 바람이 바뀔 때마다 이리저리 휘둘리다 결국은 땅으로 곤두박질치는 것이 끈이 떨어진 연이다. 나는 나 자신에게 끈 떨어진 연처럼 살고 싶지 않았다. 독하게 마음먹자고 나 자신에게 끊임없이 다짐하고 또 다짐했다. (최유림의 『최유림이 사는 세상』 중에서)

충청남도 천안 두정중학교 영어교사인 최유림 씨의 다짐이다. 누군가 이렇게 말할 수도 있다. "에이, 영어교사가 되었다면 이 정도 목표와 다짐이야 보통이지." 정말 그 정도는 보통이라고 생각하는가? 그렇다면 하나만 더 덧붙이자. 그는 1급 시각장애인이다. 쉽게 말해 앞을 보지 못하는 분이다. 이제 감이 잡히는가?

그는 우리나라에서 시각장애인으로는 처음으로 일반교과 중등 교사 임용시험에 합격해 교사가 되었다. 당시 면접조항에는 '교정 시력 0.3 이상'이라는 조건이 있었다. 당연히 그는 이 조항 때문에 교사로 임용될 수 없었다. 그는 독하게 마음먹었다. 공주대학교 특수교육과 은사들은 제자의 꿈과 목표를 위해 교육청과 싸웠고, 그역시 '규정이 그러니까'라는 넋 나간 푸념을 하지 않았다. 신체검사를 담당했던 여의사는 '부적격' 대신 '판정보류'를 내려 일단 합격을 시켰고, 그 후 이 조항은 그로 인해 폐기되었다.

다소 식상한 장애인의 장애 극복 이야기라고? 나는 지금 장애인의 장애 극복 이야기를 하는 것이 아니다. 꿈이 있는 사람, 목표가 있는 사람은 자신의 꿈과 목표 앞에 거대한 시련과 어려움이 있더라도 결코 포기하지 않는다는 것을 강조하고 있는 것이다. 식상하다고 손사래를 치기 전에 (사실 이게 어디 식상한 이야기인가), 가슴에 손을 얹고 따져보자. 자신에게 이 정도의 꿈과 목표가 있는가를.

## 인 생 은  협 상 이 다

물건 가격을 협상하거나, 계약조건을 협상하거나, 국가 간의 무역 여건을 협상하거나 그것이 어떤 협상이건 협상가가 자신이 마음속에 생각한, 혹은 사전에 결정한 협상 목표를 넘어서는 결과를 얻기는 거의 불가능하다. 행운으로 점철된 아주 예외적인 경우를 제외하고, 대부분의 경우 협상은 자신이 설정한 목표에 다소 못 미치는 선에서 타결된다. 그게 협상이다. 인생이라고 어찌 다르겠는가? 그러니 인생 또한 협상이다. 아니 협상이라는 프리즘으로 인생을 볼 수 있다. 먹고 자고 일어나는 등 일상의 생활을 영위하는 당신이 있고, 그런 당신이 어디로 가야할지 무엇을 해야 할지 목적과 목표를 결정하는 또 다른 당신이 있다. 그런 두 개의 당신이 합의를 해야, 둘 간의 협상이 성공적으로 끝나야 갈등하지 않고 행동할 수 있지 않은가. (필자의 칼럼 「협상으로서의 인생」 중에서)

성공하고 싶은가? 그렇다면 '자신의 인생 목표를 결정하는 당신'은 그 목표를 가능한 한 높게 잡을 필요가 있다. 목표를 높게 잡고 그 목표를 늘 꿈꾼다면 '일상의 생활을 영위하는 또 다른 당신'은 알게 모르게 그 목표를 달성하는 방향으로 움직이게 된다. 당신의 인생 목표가 보다 높은 것이 됨으로써 당신의 일상생활 자체가 그 목표를 실현하는 방향으로 변하게 된다.

나이 40이 되기 전에 10억을 모으겠다고 결심하지 않는 이상, 로또에 당첨되는 경우를 제외하고, 10억 이상을 모으기는 힘들지 않겠는가. 그래서 인생의 목표를 아주 크게 세우지 않는다면 자신의 인생은 그저 그런 삶으로 끝날 가능성이 높다. 우리는 그런 인생의 목표를 꿈이라 한다.

그래서 사람은 자신이 생각하는 이상의 사람이 될 수 없고, 사람은 자신이 생각하는 이상의 목표를 달성할 수 없다. 그 사람의 생각이 바로 그 사람이다. 그러니 다음과 같은 말을 깊이 생각해보라고 권하지 않을 수 없다.

　'나는 당신이 엄청나게 큰 목표를 정했으면 해. 그걸 이루고 나면 좋아서 어쩔 줄 모를 그럴 큰 목표 말이야.'

하고 싶은 일에 미쳐라

규칙을 배우고 나서 그 중 몇 가지를 위반하라.
무엇을 얻기 위해 무엇을 포기했는가를 자신의 성공을 평가하는 기준으로 삼으라.
자신의 성격이 곧 자신의 운명임을 기억하라. (작자 미상)

## 재 미 없 으 면  그 만 두 라

전 심심한 사람입니다. 아침 6시 30분에 일어나 1시간 30분에서 2시간가량 스트
레칭을 합니다. 그리고 집에서 5분 거리에 있는 극장에 가서 연습합니다. 공연이
있을 땐 밤 11시, 없을 땐 저녁 6시 30분쯤 집에 옵니다. 그게 전부입니다. 취미
라곤 가끔씩 가는 사우나가 유일합니다. 그런 매일 매일이 새롭습니다. 겉은 반
복적이지만 안은 새로운 발레로 가득 차 있기 때문입니다. (「중앙일보」에서 인용)

세계 최정상급 발레리나인 강수진 씨의 담담한 고백이다. 이 고백
에 담겨있는 가장 두드러진 핵심은 하루 16시간씩 하는 연습이다.
지독한 연습벌레라는 명칭, 그리고 그 유명한 강수진 씨의 발을 보
면 그 연습이 어느 정도인지 충분히 알 수 있다. 그 발이 얼마나 지
독한 지 처음 보는 사람은 무언가 병에 걸렸거나 사고가 난 사람의

발로 오해할 수도 있을 지경이다. 그래서 사람들은 말한다. 그 지독한 연습이 오늘의 강수진을 만들었다고. 틀린 말은 아니다. 그 역시 그런 사실을 인정하고 있다.

하지만 정말 묻고 싶은 것은 무엇이, 어떤 마음의 자세가 하루 16시간의 연습, 그 연습으로 뒤틀어진 그 발을 견디게 만들었느냐 하는 것이다. 그는 말한다. "재미없으면 그만두라. 발레는 고난의 길이다. 억지로 해서 될 수 없다. 지루하게 반복하는 것을 신기해하며 따라가야 실력이 늘 수 있다."고 말이다.

신기해하는 것, 매일 반복하는 일을 새롭게 여기고 따라가는 것, 누가 시켜서가 아니라 자신의 내부에서 솟아오르는 힘으로 스스로 그 일을 해 나가는 것. 그것이 바로 열정이다. 그러니 강수진은 열정이 가득한 사람이다.

한국인으로서 세계적인 성공을 거둔 사람에게서 공통적으로 드러나는 것이 바로 이 열정이다. PGA에서 세계 10위권 안에 드는 골퍼 최경주도 말한 바 있다. "골프 그 자체를 좋아하지 않는다면 누가 이 미친 짓을 하겠습니까?" 박지성은 어떨까? 산소탱크라는 별명으로 불리는 그는 "프리미어리그에서 성공하는 것 자체가 목표가 아닙니다. 여기서 한 게임, 두 게임 뛴다는 것. 그 자체가 저에게는 이미 말할 수 없는 즐거움입니다."라고 말한다. 그러니 재미없으면 그만두라.

# 미 칠 수 없 으 면 하 지 마 라

백 선생(백남준)은 거지다. 백 선생 통장에 작품료가 입금된 적이 없는 거다. 계약만 되면 다음 작품의 구상에 착수해 이미 다 써 버리고 그래도 남은 게 있으면 복지시설에 작품을 기부하기 바쁘신 거다. 그러니까 설라무네 작품을 의뢰한 파트론(patron:후원자)들은 백 선생 계좌를 모른다. 제작업체나 복지시설 계좌 번호만 알고 있다나 뭐라나. 1996년 쓰러진 후 11년 동안 휠체어에 앉아 수많은 작품을 양산한다. 취직이 안 돼 절망하는 젊은이들은 들으라. 그의 작품을 이해하지 못해도 좋다. 75년 동안 전 세계를 열광시켰던 백 선생은 빈손으로 가셨다. 우린 그의 작품에 열광한 게 아니다. 그의 불굴의 의지에 뽕 간 거다. (건축평론가 이용재의 글 중에서)

한국 사람으로서 백남준을 모르는 사람은 없다. 비디오 아트의 창시자. 아마 미술 분야에서 이 분만큼 독창적인 세계를 개척하고 세계인의 인정을 받은 사람은 없으리라. 그는 경기고를 졸업한 뒤 1950년에 일본으로 밀항했고 1956년에는 동경대학 미학과를 졸업했다. 그가 일본으로 밀항하던 때는 6·25 동란이 일어나던 해였고, 동경대학에서 미학을 공부하던 때는 한국이 6·25 와중에서 허덕이던 때였다. 동경대를 졸업한 3년 뒤인 1959년, 백남준은 약관 28세의 나이에 독일에서 '존 케이지에게 경의를 표하면서' 비디오 아트를 창시했다. 한국이 전근대의 가난과 독재에서 허덕일 때 그는 근대를 뛰어넘은 초현실의 세계를 미학적으로 표현하고 있었던 셈이다. 그러니 그는 일찍부터 좀 미쳐있었던(?) 것 아닐까?

1964년 백남준은 미국에서 '오페라 섹스트로니크'를 공연하다 경찰에 잡혀간다. 외설이라는 이유 때문이었다. 여자의 가슴을 드러내고 활로 여자의 갈비뼈를 긁어대었으니 그럴 만도 하다. 하지만 백남준의 말이 재미있다. "왜 꼭 악보의 음표대로만 연주해야 하나." 조금 불경스럽게 말하면 '미쳐도 보통 미쳐있었던 것'이 아닌 것 같다.

예술의 영역에만 국한되는 얘기가 아니다. 어떤 분야에서건 다른 사람이 하지 못한 영역을 개척했던 사람들의 발자취를 따라가면 꼭 만나는 것이 이 '미침'이다. 그 미침이 때로는 규칙을 깨거나 기존 질서를 무너뜨리기도 하고, 그래서 제대로 이해를 받지 못하는 경우도 있지만, 그것이 없으면 세계를 놀라게 하고, 이목을 마비시키는 성취는 생겨날 수 없다.

## 철 두 철 미 하 라

서울 강남의 4개 대형 점포에 직원 100여 명을 두고 연매출 60억 원을 올리는 '김영모 과자점'. 그 과자점 사장인 김영모 씨의 창업 초기 일화다. 그는 당시 인기가 높았던 소보로빵(곰보빵)을 놓고 부인과 자주 다툼을 벌였다고 한다. 밀가루 한 포대가 아쉬웠던 때 소보로의 정량과 굽기 정도를 탓해 걸핏하면 만든 빵을 버리는 김 사장이 부인 입장에서는 몹시 못마땅했다. 한 번은 버려야 할 빵을 부인이 김 사장 몰래 판매대에 올려놓았다. "이를 보고 정말이지 대판 싸웠습니다. 지금 생각해보면 약간의 모양 차이였겠지요. 그러나 그런 원칙을 지켜왔었기에 오늘이 있었던 것 같습니다." (「한국경제신문」 인용)

"잘못 만드는 것은 용서할 수 있어도 잘 못 만든 것을 파는 것은 절대 용서할 수 없다." 대한민국에서 경제적으로 가장 성공한 까다로운 사람들이 모여 산다는 타워팰리스. 그 곳 사람들의 전용 빵집이라는 별명을 얻고 있는 가게를 운영하는 김영모 사장의 성공비결이다. 다소 진부하기도 하다. 많이 들어본 말이기도 하다. "빵집 정도 가지고 뭐." 하는 마음이 들 수도 있다. 하지만 그렇게 말하는 사람들일수록 정말 스스로 자신이 몸담고 있는 분야에서 성공했는지 물어보아야 한다. '연탄재 함부로 차지 마라. 당신은 누군가에게 이렇게 뜨거운 사람이었던 적 있더냐?' 이 시가 그런 자신의 모습을 비추고 있지 않은지 살펴보아야 한다. 김영모 그는 프로다. 인생을 뜬 구름 보듯 사는 아마추어가 아니라 진정한 프로다.

## 엄 살 부 리 지   말 라

중국 출장길에 만난 중소기업 사장이 한 말이다. "대충 대충, 그런 거 우리 사전에는 없습니다. 한번 하면 끝을 내야지요." 그는 기업으로 일가를 이룬 사람답게 무엇을 하건 '자신의 전 존재'를 건다고 했다. 그래서 그는 프로다.

프로는 어떤 경우에도 변명을 하지 않는다. 실패를 했을 때도, 실수를 해서 참담한 지경에 놓였을 때도 '아이고' 하며 주저앉지 않는다. 단지 지그시 입술을 깨물 뿐이다.

커널 샌더스는 65세의 나이에 켄터키 프라이드치킨을 창업했다. 그가 지금 전 세계 KFC 매장 앞에 서 있는 그 할아버지다. 로널드 샤피로라는 협상가는 까다로운 고객과의 협상을 시작하기 위해 일주일을 기다린 적도 있다. 협상을 시작하기 위한 한 마디 말을 하기 위해 일주일간 고객의 지독한 험담을 견딘 것이다.

프로에게는 모든 변명이 엄살이다. 모든 사건에는 이유가 있는 법이니 그 이유를 스스로 다 인정한다면 세계 최고의 발레리나도, 새 시대를 개척한 비디오 아트도, 명품 빵도 생겨날 수 없다. 프로가 되고 싶은가? 그렇다면 엄살 부리지 마라. 없다고, 부족하다고, 약하다고, 모자라다고, 지쳤다고, 늙었다고, 어리다고, 안 된다고, 틀렸다고 말하지 마라. 그래서는 자신의 전 존재를 걸 열정과 미침이 자리 잡을 수 없다.

## 전략 14 남다른 길을 가라

최고의 목적에 도달하기 위해 노력 정진하고
마음의 안일을 물리치고 / 수행에 게으르지 말며
용맹정진하여 몸의 힘과 지혜의 힘을 갖추고 / 무소의 뿔처럼 혼자서 가라
자비와 고요와 동정과 해탈과 기쁨을 / 적당한 때를 따라 익히고
모든 세상을 저버림 없이 / 무소의 뿔처럼 혼자서 가라
소리에 놀라지 않는 사자와 같이 / 그물에 걸리지 않는 바람과 같이
흙탕물에 더럽히지 않는 연꽃과 같이 / 무소의 뿔처럼 혼자서 가라
(남전대장경의 시경 중)


## 김 성 주   C E O


대성그룹 김수근 회장의 막내딸. 지난 1989년 대성산업 패션사업
부에서 일을 시작한 뒤 1991년 성주인터내셔널을 설립하며 독립.
소니아 리켈 · 입생 로랑 · MCM 등 세계 유명 브랜드 제품을 수입해
파는 사업으로 성공. 1997년 세계경제포럼WEF이 선정한 '차세대
지도자 100인'에 선정.

그의 이력을 보고 이런 생각을 하는 사람이 있을 지도 모르겠다.
'뭐 다 그렇지. 재벌그룹의 막내딸로 곱게 자라나 부친에게 사업자
금과 사업 운영 노하우를 물려받아 적당히 사업해서 성공한 거지
뭐. 돈이 있으니 미국이며 영국이며 유학을 갔을 테고. 그러다 적당

히 구미의 매스컴과 연결되어 차세대 지도자 운운했겠지 뭐.'

그러나 그의 이력을 파고들면 이런 선입견이 얼마나 잘못된 것인지를 알 수 있다. 재벌그룹의 막내딸로 태어난 것은 맞지만 그는 부친으로부터 사업을 물려받지 않았다. 성주인터내셔널은 순전히 그 자신의 노력만으로 이룩한 회사다. 그는 적당히 기름 치고 물을 주며 사업을 하지 않았다. 그의 회사는 접대와 향응이 없다. '관계' 와 '적당' 이 판치는 한국적 사업 환경에서 보통 힘들지 않았을 것이다. 외국 바이어가 와도 술대접 대신 고궁이나 박물관으로 안내해 상담을 했다.

이 정도면 지나치게 지독한 것인가. 하지만 아이러니하게도 그가 차세대 지도자에 뽑힌 이유가 바로 이 때문이다. 남성 위주의 한국 기업환경에서 접대, 향응 등 기존의 문화를 따르지 않고 독자적인 방식으로 승부해 괄목할 성과를 거두었기 때문이었다. 그 뿐 아니다. 그는 회사의 투명성을 칼같이 지킨다. 1993년과 1996년에 두 차례의 세무조사를 받았지만 한 건의 탈세 사실도 적발되지 않았다. 그러니 한국에서 사업을 한 것은 맞지만 전혀 한국적이지 않은 방식으로 사업에 성공한 것이다.

그는 다른 사람들과는 다른 방식으로 살아간다. 그 때문에 그들과 함께 하지 못한다. 얼마나 힘들었을까. 2000년에 그가 지은 자전적 수필집의 제목은 『나는 한국의 아름다운 왕따이고 싶다』였다.

수필집의 제목처럼 그는 사업방식에 관한 한 왕따였음에 틀림없다. 하지만 역설적이게도 그를 왕따로 만들었던 그 사업 방식이 그의 경쟁력이 되고 있다. 영국의 세계적인 패션브랜드 막스앤스펜서가 쟁쟁한 대기업을 제치고 그의 회사를 선택한 것도 그가 왕따를 당하면서까지 지켰던 바로 그 투명성 때문이었다. 그러니 하는 말이다. 분명한 신념이 있다면 혼자서 가는 것을 두려워 말라.

## 대 박 의    조 건

이 자본주의 사회에서 재정적인 풍족함을 바라지 않는 사람이 있을까? 누구든지 가능하다면 소위 대박을 터뜨리기를 원한다. 하지만 그 대박의 기회는 아무에게나 주어지는 것이 아니다.

1997년 IMF 경제 위기 때 한국 주식은 추락에 추락을 거듭하고 있었다. 나라가 망할지 모른다는 두려움 때문에 대부분의 개인투자자들은 우량기업의 주식마저 투매에 투매를 거듭했다. 종합주가지수는 277 포인트까지 내려갔다. 하지만 모두들 주식을 팔고 나올 때 그 우량기업의 주식을 사 모은 사람들이 있었다. 다들 미쳤다고 했다. 미쳐도 보통 미친 게 아니라고 했다. 하지만 그로부터 10년 뒤 단순히 종합주가지수만으로도 주식은 10배 가까이 올랐다. 그때 주식을 모은 사람들은 증권가의 전설이 되었다.

역시 IMF 경제위기 뒤, 대한민국 아파트의 대명사가 된 서울 강남 대치동 은마아파트가 폭락에 폭락을 거듭해 간신히 2억 원 선에서 턱걸이를 하고 있었다. 그 때 과감히 그 아파트를 산 사람이 있었다. 모두들 미쳤다고 했다. 사람들은 은행에 넣어두면 20~30%나 되는 고금리를 얻을 수 있는데 더 떨어질지 모르는 아파트를 왜 사느냐고 빈정댔다. 그 때 은마아파트를 산 사람은 파는 사람으로부터 "내 아파트를 사줘서 고맙다."는 말까지 들었다. 지금 그 아파트는 당시 가격보다 5배 이상 올랐다. 그 사람은 40대 초반의 나이에 이미 재정적으로 일가를 이뤘다.

주식이건 부동산이건 사람들은 다른 사람들과 달리 행동하는 것을 좋아하지 않는다. 모든 사람이 주식을 팔면 더 떨어질까 불안해서 투매에 동참하고, 아파트값이 올라가기 시작하면 은행 빚을 내서라도 분양권 거래에 나선다. 소외되기를 바라지 않기 때문이다. 하지만 그럴 경우 수익은커녕 손해를 보는 경우가 허다하다. 왜 지금 주식에 투자를 해야 하는지, 왜 지금 이 아파트를 사야 하는지에 대한 논리가 확실하지 않기 때문이다.

무소의 뿔처럼 혼자서 가라. 밀짚모자를 겨울에 사는 사람의 심정으로 혼자서 가라. 하지만 아무런 이유 없이 밀짚모자를 겨울에 산다면 청개구리에 불과하다. 단순히 다른 사람들과 반대로 행동하는 것은 아무런 의미가 없다. 혼자서 가기 위해서는 더 많은 지식, 더 많은 경험, 더 많은 고민, 더 많은 갈등을 가슴에 안으며 혼자서 새길 줄 알아야 한다.

## 패 거 리   문 화

현대이면서 원시적인 의식, 그것이 바로 '패거리 문화' 입니다. 여러 패거리가 있지만 가장 독성이 강하고 악성인 패거리가 바로 정치인 패거리, 경제인 패거리, 교수 패거리, 연예인 패거리 등입니다. (언론인 김상훈 씨의 글 중에서)
모두에게 좋은 말만 듣고자 하는 처세술도 느슨한 패거리주의의 산물이다. 비판은 일종의 의식으로 전락한 걸까. (강준만 교수의 글 중에서)

다른 사람의 눈치 보지 않고, 다른 사람과 비교하지 않고, 가야 할 때를 알고, 말해야 할 때를 알고, 행동해야 할 때를 아는 자의 모습은 얼마나 아름다운가. 단순히 혼자 있는 것이 두려워, 마당발을 자랑하기 위하여 모든 사람에게서 칭송을 받으려 한다면 그것은 이미 바른 행동이 아니지 않은가. 혼자 밥 먹으면 네트워크 형성에 문제가 될까봐 같이 밥 먹으려 이리저리 기웃거리는 것은 자신을 파는 것이 아닌가.

같이 한다는 것, 혹은 함께 한다는 것이 문제가 될 수는 없다. 문제는 '왜' 그렇게 하는지 '왜' 그렇게 하지 않을 수 없는지 자신의 생각이 분명하지 않다는 것이다. 자신의 생각이 분명하다면 혼자서 밥을 먹어도, 제대로 밥을 먹지 못할 정도로 바빠 사람을 만나도 아무런 문제가 없다. 그러니 그렇게 하기 어렵다면 '차라리' 어디 골방에나 들어앉아 기도라도 하는 것이 낫지 않은가.

## 자 기  안 의  침 묵

나는 한 평생 살면서/내 첫 사랑에게는 웃음을/두 번째 사랑에게는 눈물을/ 세 번째 사랑에게는 침묵을 선사했다//첫 사랑은 내게 노래를 주었고/두 번째 사랑은 내 눈을 뜨게 했고/ 아, 그러나 내게 영혼을 준 것은/세 번째 사랑이었어라
(세러 티즈데일의 '선물')

침묵의 의미를 아는 사람은 타락하지 않는다. 아니 타락하지 않는 사람은 침묵의 의미를 안다. 단지 입을 멈추는 것이 아니라, 행위와 분별을 멈추고 자기 안의 깊은 동굴에 들어가 거기에 앉아있는 자신과 대면하라. 그러지 않고서는 사자와 같이, 연꽃과 같이, 바람과 같이 무소의 뿔처럼 혼자서 갈 수 없다. 대전략가들은 이미 그것을 알고 있다. 그리고 대전략가들은 정말 제대로 침묵할 수 있다면 그것에는 이미 보상이 숨어있음을 알고 있다.

너는 기도할 때에 네 골방에 들어가 문을 닫고 은밀한 중에 계신 네 아버지께 기도하라. 은밀한 중에 보시는 네 아버지께서 갚으시리라. (마태복음 6장 6절)

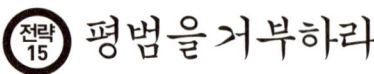

# 전략 15 평범을 거부하라

> 세상의 괴짜들에게 붙여지는 이름이 있다 / 현실부적응자 / 반항아 / 문제아
> 부적합판정을 받은 자 / 사물을 다른 각도에서 바라보는 자들
> 이들은 규칙을 좋아하지 않는다 / 현상유지를 좋아하지 않는다
> 그들은 발명하고 상상하고 치료한다 / 탐험하고, 창조하고, 영감을 불어넣는다
> 그들은 인류를 앞으로 나아가게 만든다 / 어쩌면 그들은 미쳐야만 하는지도 모른다
> 그렇지 않고서야 어떻게 텅 빈 화폭에서 / 그림을 볼 수 있겠는가
> 어떻게 침묵 속에 앉아 / 결코 씌어진 적이 없는 노래를 들을 수 있겠는가 (무명씨)

## 할 리  데 이 비 슨 과  주 교 님

두둥! 묵직한 저음의 오토바이 소리가 마음을 흔든다. 누구의 말대로 이 오토바이 소리는 잠자던 영혼을 깨우는 것 같기도 하다. 마음 깊숙이 내려오기 때문이다. 할리 데이비슨 오토바이 이야기다. 할리 데이비슨은 애초에 히피, 갱스터, 마초 등 부정적인 이미지를 가지고 있었다.

하지만 전통과 기술, 브랜드와 역사가 결합되며 성공적으로 변신했고, 지금은 매우 두터운 마니아층을 형성하고 있다. 그럼에도 불구하고 아직도 할리 데이비슨은 일반인이 접근하기에 조금 거리가 있다. 가죽점퍼와 청바지를 입고 독특한 모양의 할리를 타고

'두둥' 하는 모습을 생각해 보면 안다.

그런 할리와 주교님. 영 어울리지 않는 조합이다. 2007년 8월 19일, 제주도에서 열린 천주교 '2007 한국청년대회'에서 제주교구장인 강우일 주교는 할리 데이비슨을 타고 대회장에 입장했다. 가죽과 청바지대신 전통적인 의복을 입기는 했지만, 주교 신분인 그가 할리 데이비슨에 올라타고 대회장에 입장하리라고는 누구도 생각하지 못했다. 청년들의 반응은 어땠을까? 가히 열광적이었다.

강우일 주교는 괴짜다. 남들이 하지 않는 일을, 하려고 하지 않는 일을, 해서는 안 된다고 생각하는 일을 실행에 옮겼기 때문이다. 괴짜답게 행동한 목적은 그 날 행사의 참가자인 청년들과 눈높이를 맞추기 위함이다.

그러니 진정한 괴짜란 남들의 이목을 끌기 위해서 남들이 안 하거나 못 하는 행동을 하는 사람이 아니라 남들과의 거리를 줄이기 위하여, 남들과 공감하기 위하여 자신이 가지고 있는 허세와 굴레의 한 부분을 과감히 버리는 사람이다.

"시상이 눈트젠도 허기전부터 그 사름들 몬딱 한디들게 해 주십서(세상이 생기기 전부터 그들이 모두 하나가 되게 해 주십시오)." 청년들과 눈높이를 맞춘 그가 제주도 사투리로 낭독한 이 폐막 복음은 청년대회에 참석한 모두를 하나 되게 만들기에 충분하지 않았을까.

# 롯 본 기　힐 스

도쿄 한 복판에 유리와 스틸, 대리석으로 매끈하게 만들어진 복합도시이자 계획된 도시인 롯본기 힐스의 꿈은 지금부터 17년 전으로 거슬러 올라간다. 옆으로 비대해져가고 나날이 슬럼화 되어가는 주거지에서 생활의 질은 점점 낮아졌다. 이곳에 토지를 소유한 400명이 합의하여 민간이 주도한 재개발사업으로 만들어진 것이 바로 롯본기 힐스다. 논의에만 14년이 걸린 것에 비하면 3년이라는 시공기간은 비교적 짧은 셈이다. 걸어서 다 돌아보는데 30분 정도밖에 걸리지 않는 이 구역 안에는 일터와 주거지, 놀이공간과 휴식처, 문화와 교육시설, 상업 공간 등 다양한 기능이 집약되어 있다. 이곳에 모여드는 사람들만 하루에 10만 명에 이른다. (「도베」 2003년 10월호에서 인용)


도쿄 한 가운데, 일종의 금싸라기 땅에서 이루어진 재개발이 하나의 화두가 되고 있다. 수익성 위주로 재개발된 것이 아니라, '문화'라는 다소 엉뚱한 콘셉트로 재개발되었기 때문이다. 롯본기 힐스의 상징인 54층짜리 모리타워에서 가장 유명한 장소는 52과 53층에 자리 잡은 '모리미술관Mori Art Museum'이다. 이 미술관은 일종의 복합 문화공간인데 재미있게도 '천국에서 가장 가까운 미술관'으로 불리고 있다. 바로 옆에 위치한 '버진 시네마 롯본기 힐스'는 복합영화관이다. 그 옆에는 방송국인 '아사히TV'가 자리 잡고 있다. '메트로 플라자', 그랜드 하얏트 도쿄의 상가와 레스토랑, '할리우드 뷰티 플라자' 같은 초일류 상가들도 있다.

롯본기힐스
아레나

하지만 롯본기 힐스를 진정 유명하게 만든 것은 이런 상가를 주위에 거느리고 있는 '롯본기 힐스 아레나' 다. 금싸라기 같은 땅의 한 가운데를 뚝 떼어 아무 시설도 없는 광장을 만들었는데 여기서는 공연하고 연주하며 실시간으로 이루어지는 문화가 흘러넘친다.

재개발과 돈. 얼마나 중요한 관계인가. 자본이 없으면 재개발이 논의될 수 없고, 투자한 돈을 회수할 가능성이 없으면 결코 '재개발' 이라는 사업은 시작되지 않는다. 그런데 도쿄 한 복판에서 '돈' 대신 '문화' 위주로 재개발이 이루어졌고, 역설적으로 '돈' 을 위주로 재개발을 했을 때보다 더 많은 성공을 거두었다.

문화를 목표로 했더니 오히려 더 많은 사람, 더 많은 정보, 더 많은 돈이 이곳으로 흘러들어오게 되었다. 다시 말해, 새로운 세상과 미래를 보여주는데 돈을 사용함으로써 (문화에 집중함으로써) 결과적으로 새로운 세상과 미래를 만드는 것(재개발)이 가능하게 되었다는 얘기다.

그러니 늘 하던 방식, 과거에 사로잡힌 방식, 바로 눈앞만을 바라보는 방식이 얼마나 어리석은 것인지 분명히 드러나지 않는가. 도쿄는 재개발의 방식에 있어서도 평범함을 거부하였고, 그래서 롯본기 힐스 이후 도쿄는 아직까지 리노베이션 중이다. 도쿄라는 도시가 가지는 경쟁력은 저절로 생겨난 것이 아니다.


## 귀 고 리

나는 '엉뚱한 순간'에 의자에서 벌떡 일어나는 5학년짜리 학생들을 좋아한다. 나는 상사가 말하는 도중에 끼어들 줄 아는 스물여섯 살짜리 젊은이를 좋아한다. 나는 정치행사에서 자신이 지지하는 출마자가 연설하는 도중이라도 야유를 던질 줄 아는 사람을 좋아한다. 그들은 괴짜들이다. … 전 세계의 수많은 짐 클락스(Jim Clarks)들과 스콧 맥닐리(Scott McNealy)들, 제리 양(Jerry Yang)들과 스티브 잡스(Steve Jobs)들과 조지 루카스(George Lucas)들은 실제로 세상의 법칙을 변화시켰다. 인간생활이 이루어지는 근본방식을 변화시켰다. 그래서 나는 괴짜들에 대한 흔들리지 않는 믿음을 가지고 있다. (톰 피터스의 『This I believe』중에서)

개인적인 고백 하나. 나는 가끔씩 귀고리를 하고 싶을 때가 있다. 멋도 아니고 유행도 아니다. 내 일상이 지루함과 진부함으로 미어터질 때, 열정도 없고 자극도 없어 가라앉아 있을 때, 세상은 이토록 변하고 있는데 안일과 나태와 더불어 지낼 때, 그래서 짜증스러운 나날이 계속될 때 나는 귀고리를 하고 싶다. 내면에서 작은 불씨 하나가 자라고 커져야 하는데, 그것이 어떤 이유로 가로막혀 있을 때 그 막힘을 소통하기 위하여 나는 귀고리를 하고 싶다. 그러니 귀고리는 단순한 장식물이 아니라 나의 내면에 주는 신호요 자극이다. 평범하지 말라는 스스로의 다짐이다. 나도 괴짜의 소질이 있는 셈인가.

하지만, 아직도 귀고리를 하지 못하고 있다. 내 가족은 열렬히 환호를 하지만, 학생들의 반응은 반반이다. '안 돼요 교수님.'

## 왜  전  략  인  가

'전략은 차별성이다Strategy is being different.' 전략과 게임이론의 첫 장을 공부하게 되면 누구나 접하게 되는 문장이다. 그래서 다들 대충 지나친다. 하지만 전략과 게임이론의 마지막까지 공부하게 되면 그 끝에 다시 마주치게 되는 것이 이 문장이다.

다른 사람과 다른 것, 다른 기업과 다른 것, 다른 도시와 다른 것, 다른 국가와 다른 것. 그게 전략의 시작이다. 하지만 전략과 게임이론은 조금 더 나아간다. 단순히 '다르다'는 것은 아무런 의미가 없다. '왜' 달라야 하는지, '어떻게' 달라야 하는지, '언제' 달라야 하는지 알아야 한다. 그러지 못하면 '다르다'는 것은 그저 '같지 않음'에 불과하게 된다. '왜' '어떻게' '언제'와 같은 의문에 답할 수 있어야 진정한 전략이다. 그러니 전략은 단순히 차별성을 말하는 것이 아니라 그 차별성에 이르는 모든 과정process과 절차roadmap를 포괄한다. 평범하지 마라. 이 말은 결국 전략적으로 사고하고 행동하라는 말의 다른 표현이다.

## ⓐ 전략 16 반기를 들어라

> 어떤 전술도 고집스럽게 적용하지 마라. 정신이 정적(靜的)인 위치에 안주하여 특정한 장소나 생각을 방어하거나, 생명력 잃은 작전을 되풀이하도록 내버려두지 마라. 문제를 새로운 각도에서 공격하여 새로운 전망과 새로이 주어진 것들에 적응하도록 하라. 당신이 끊임없이 움직이면 적들에게 어떠한 표적도 보여주지 않게 된다. 세상의 혼돈에 굴복하는 대신 그 혼돈을 이용하라.(로버트 그린의『전쟁의 기술』중에서)

## 신 정 아

광주 비엔날레 최연소 예술 감독에 빛나던 신정아 동국대 교수의 학위가 모두 가짜란다. … 그는 고졸이다. 고졸의 대학교수다. 고졸의 국제행사 예술감독이었다. 미술계에서 잘 나가는 큐레이터였다. 이렇게 재밌을 수가? 뒤샹이 변기를 갖다놓고 예술품이라고 말하자 예술품이 된 것처럼, 그도 종이 나부랭이 하나 보여주며 예일대 박사라고 말하자 박사가 됐다. 국제적인 예술감독이 됐다. "나, 예일대 나온 박사야." 이 한 마디에 모두 넘어갔다. … 피카소도 말했다. "예술은 우리로 하여금 진실을 깨닫게 만드는 거짓이다." 신정아, 그가 한 일이야말로 '예술'이다. … 진짜 예술이다. '학벌'에 목맨 우리 사회를 풍자하는 한 편의 '생쇼'다. 미술계와 학계가 총출동한 한 편의 대형 쇼다. 멋지다 신정아. 잘했다 신정아. 속이 다 시원하다. 이렇게 재밌을 수가 없다. (「오마이뉴스」조은미 기자의 글 중에서)

무슨 감정이 앞서는가? 신정아의 거짓 인생에 화가 나는가, 아니면 그런 인생이 가능하게 되었던 이 사회에 대해 화가 나는가?

대개의 경우 양비론兩非論은 문제의 논점을 흐리는 역할을 한다. 그래서 양비론은 일반적으로 좋지 않다. 하지만, 위의 경우는 차라리 양비론의 입장에 서고 싶다. 이 사건을 조금만 더 깊이 들어가면 외국학위에 대한 콤플렉스, 서울과 수도권 대학에 대한 콤플렉스에 마주치기 때문이다. 가슴 아프게도 취업시즌마다 서울과 수도권을 오가는 지방대학 학생들의 서글픔, 그 지역에서 공부한 학생들의 일자리마저 마련해주지 못하는 지방의 열악함이 오버랩되기 때문이다.

「공포의 외인구단」으로 만화를 문화의 영역으로 끌어올린 이현세. 이제껏 그의 만화에 열광한 이유가 그가 예술대학을 나왔기 때문이었는가? 「디 워」로 한국 영화의 컴퓨터그래픽 수준을 한 단계 끌어올린 심형래. 그의 영화가 멋있는 이유가 그가 고대 출신이기 때문인가? 묘한 시기에 이 두 사람은 학력에 대해 커밍아웃을 했다. 왜 이리 되었는가?

중졸의 서태지. 국민가수로 존경받는 고졸의 조용필. 우리는 그들이 줄리아드 음대에서 학위를 받지 않았다고 해서 그들의 음악을 저평가하지 않는다. 그렇지 않은가? 그러니 젊은이들이여. 멋있게 통쾌하게 반기를 들어라.

# 더  블  랙

'더 블랙The Black'. 현대카드 사가 지난 2005년 2월에 내놓은 카드의 이름이다. 이 카드는 세계적인 디자이너 카림 라시드가 디자인한 작품인데, 카드 표면의 미세한 금속장식과 마감공정이 100% 수작업으로 이뤄졌다고 한다. 그래서 좀 고급스럽다. 출시 당시 이 카드의 연회비는 100만 원으로 책정되었고 총 회원수는 9999명으로 한정되었다. 모두들 이 카드가 실패할 것이라고 말했다. '연회비가 100만 원이라니? 장난치는 건가.' 이런 분위기였다. 하지만 현재 이 카드의 1인당 월 평균 사용액은 약 900만 원이며 연체율은 0%라고 한다. 대박은 이를 두고 하는 말이다.

현대카드는 지난 2001년 말 다이너스카드코리아 인수를 통해 신용카드 사업에 진출했다. 당시 현대카드의 시장 점유율은 1.8%에 불과했지만 불과 5년여 만에 무려 6배 이상 성장했다. 더 블랙, 현대카드 M, 그리고 현대카드 더 퍼플의 성공이 이를 뒷받침한 것이다.

아직 증권시장에 상장도 하지 않은 현대카드를 두고 성공을 예측하기는 다소 이르다. 하지만 한국의 신용카드 시장에서 현대카드만큼 단시일 내에 소비자의 시선을 잡으며 성공한 경우는 없다. 그들은 다른 신용카드 회사들이 카드 론과 저렴한 회비, 다양한 상품 구성에 몰두할 때, 전혀 다른 방식으로 시장에 호소했다. VVIP

계층을 대상으로 한 마케팅, 과감한 카드 디자인, 특화된 상품 구성
이 그것이다. 현대카드는 전통적인 시장관행에 반기를 들었고, 시
장은 그 반기를 홀연히 감싸 안았다. 그러니 연체율 0%는 현대카드
의 반기에 대한 시장의 화답이다.

## 박 진 영

멋있을 때 떠나라고? 그건 자기만족보다 남의 시선을 의식하는 사람들 얘기 아
닌가? 자기 확신만 있다면 어떤 두려움도 없다. 예능프로에 많이 나가는데 그렇
다고 음악적으로 가벼워진다고 생각 안한다. 필요하면 '개콘'에도 나갈 수 있
다. 요즘엔 '변태 고릴라 꺼져' 같은 치명적 악플도 퍼니하게 즐긴다.
보통 사람들이 집중력 있게 일하는 시간이 하루 5시간이라면 나는 16~17시간 일
한다. 잠은 다섯 시간 이상 안 자고 식사에도 20분 이상 안 쓴다. 그 나머지는 전
부 꿈을 위한 시간이다. 부모님, 친구들, 여자친구에게 35살까지는 봐달라고 양해
를 구했다. 술도 잘 안 마신다. 네트워킹 얘기를 하는데 그 시간에 자기 일 못하는
건 왜 생각 않나. 자기 일 하다 보면 절로 쌓이는 게 네트워크다. (박진영의 말)

전국을 '텔미' 열풍에 빠뜨린 원더걸스의 제작자. 월드스타 비와
국민 아이돌 그룹 지오디를 키워낸 바로 그 사람. 35세에 다시 댄스
가수로 활동하기 위해 1개월 만에 몸무게를 10킬로그램이나 뺀 사
람. 이 정도면 박진영에 대한 설명이 될까? 하지만 국제적인 영역
에서 그를 다시 정의하면 그는 아시아의 프로듀서로서 미국 메이

저 시장에 최초로, 그것도 성공적으로 진입한 사람이다. 흔히 말하는 '쾌거'를 거둔 사람이라 말할 수 있을 법도 하다.

박진영, 그를 뭐라고 정의하건 일단 그는 자기 영역에서 성공한 사람이다. 그것도 젊은 나이에. 하지만 그의 성공 방식은 조금 특이하다. 『혼자서 밥 먹지 마라』라는 책의 제목이 시사하듯 성공을 위해서는 인적 네트워크가 중요하다. 하지만 그는 그런 통념에 반기를 든다. "네트워킹 얘기를 하는데 그 시간에 자기 일 못하는 건 왜 생각 않나. 자기 일 하다 보면 절로 쌓이는 게 네트워크다." 네트워크가 중요하지 않다는 것이 아니라 그 네트워크를 통해 보여줄 자신만의 독창적인 그 무엇이 없는 상태에서 네트워크 구성 그 자체에만 집착하는 것이 우습다는 얘기다. 그러니 점심 먹는 시간이 아까워 그것을 20분으로 줄이고 나머지 남는 모든 시간은 자신의 꿈을 달성하기 위해 사용하는 것 아닌가.

그 뿐 아니다. 그는 무게 잡기를 싫어한다. 신비주의에 휩싸여 자신을 포장하는 걸 싫어한다. 그는 과감히 말한다. "필요하면 개그콘서트에도 나갈 수 있다." 중요한 것은 '필요하면'이라는 단서다. 자신을 알리고 자신의 꿈에 다가가는 길이라면, 신비주의나 무게 잡는 일에 과감히 반기를 들 수 있다는 것이다.

이런 그의 특성은 가수 데뷔 초기부터 두드러졌다. 그는 자신의 이미지를 만드는데 '몸'을 이용함으로써, '마음'만을 강조하고 몸이 중요하지 않은 척 하던 기존의 통념에 과감히 반기를 들었다. 그의 통념에 도전하는 이 같은 반기는 미래에도 예정되어 있는 것 같다.

그는 말한다. "내 꿈은 과연 내가 누군지, 어디까지 갈 수 있는지 알아보는 거였다. … 이제 드디어 임정희, 지솔, 민 세 가수를 미국 시장에 선 보인다. … 그 다음 2009년부터는 회사를 접고 내 자리로 돌아간다." 그의 자리가 어딜까? '죽을 때까지 노래하고 작곡하고 공연하는 것'. 과연 그 답다.

## 끼 와 깡

개인, 기업, 사회 어느 유기체를 막론하고 나아가야 할 방향을 제대로 알기 위해서는 어느 정도의 지적 재능이 필요하다. 그것을 '끼'로 표현할 수 있다. 하지만 그 끼는 반드시 정형화된 형태로 나타나지는 않는다. 학위와 같이 정형화된 형태로 나타난다면 거기에는 이미 '기성에의 안주'가 배어나기 때문이다. 아무 것에도 얽매이지 않고 자유롭게, 자신의 적성을 알고, 기업의 경쟁력을 바꾸는 방법을 알고, 한 대학, 한 도시, 한 국가를 바꾸는 방법을 아는 것. 그게 '끼'다.

하지만, 대부분의 경우 그 끼를 끼답게 만드는 것은 '깡'이다. 깡

은 정형화를 거부할 수 있는 용기이고 위험을 무릅쓸 수 있는 배포
이고 목숨을 걸 수 있는 배짱이기도 하다. 지금 이 시대는 '끼'를
가지고 '깡'을 부릴 수 있는 그런 사람을 필요로 한다.

## (전략 17) 상대를 꿰뚫어라

전략이 무엇인지 모르고 협상이 무엇인지 모르면서 살아간다는 것은 기도하지 않고 세상을 살아가는 것과 같다. 하지만 가장 좋은 세상은 전략과 협상이 없어도 되는 세상이다. 행이지 불행인지 그런 세상은 없다.

## 사 람   경 영

혼자서 살 수 있는 사람은 아무도 없다. 오랫동안 무인도에서 혼자서 생활한 로빈슨 크루소도 사람을 그리워하며 살았다. 그러니 삶의 보람, 슬픔, 기쁨 더 나아가 삶의 성공과 실패까지 많은 부분이 사람과 어떠한 관계를 맺느냐에 달려 있다. 여기서 사람과의 관계란 친구나 지인처럼 호의적인 관계만을 의미하는 것이 아니라, 승패를 가늠하는 라이벌과의 경쟁적인 관계까지도 포함한다. 협상의 관점에서 사람과의 관계를 '경영' 할 수 있는 탁월한 전략은 무엇일까? 한 가지 명심하자. '경영' 이라고 말한 이유는 사람과의 관계도 절대적으로 주어지는 것이 아니기 때문이다.

# 주 은 래

"인민의 총리로 인민이 사랑하고 인민의 총리로 인민을 사랑하고 총리와 인민이 동고동락하며 인민과 총리의 마음이 이어졌다." 중국 천안문 광장에 세워진 주은래의 추도 시비에 새겨진 글귀다. 모택동의 그늘에 가린 2인자에게 바친 헌사치고는 참으로 대단하다.

그토록 인민을 사랑한 주은래에 대해 소련의 흐루시초프가 딴지를 걸었던 적이 있다. 소련을 방문한 주은래가 소련의 수정주의 정책을 비판한 일이 있었는데 흐루시초프는 기분이 상했던지 그의 출신 신분을 따지고 들었다. "당신의 비판은 아주 훌륭합니다. 그러나 나는 노동계급 출신이지만 당신은 부르주아 출신이 아닙니까?" 이 비난에 주은래는 다음과 같이 대답했다. "그렇습니다. 그런데 우리 두 사람은 적어도 한 가지만은 꼭 같지요. 그건 우리 두 사람 모두 자기 계급을 배반했다는 것입니다."

대단한 순발력이 아닐 수 없다. 주은래의 이런 순발력은 타고 난 것이 아니라 오랫동안 그가 보여주었던 '다른 사람과 대화하는 태도'에서 습득한 후천적인 것이었다. 총리인 그가 하는 일의 대부분은 회의에 참석하는 것이었다.

예컨대, 언제인지는 모르나 한 달 반 동안 중앙회의 21차례, 외교 활동 54차례, 기타 회의에 57차례 참석한 일도 있다고 한다. 이 모든 회의에서 주은래가 보여주었던 가장 인상적인 태도는 말하기보다는 '듣고 있는 것'이었다. 심지어 그는 연회에 참석해서도 말하기보다는 듣기를 즐겼다. 사람들의 말을 듣는 것. 그것이 그의 피로 회복 비결이고, 그의 외교 비법이기도 했다. 오랫동안 말을 들으면 시의적절한 때에 가장 결정적인 말을 할 수 있게 된다는 것이 그의 지론이었다.

사람들은 지위가 높아갈수록 상대방의 말을 듣기보다 자기 스스로 더 많이 말하기를 원한다. 그러나 가장 바람직한 것은 상대방이 말하도록 하고 자신은 귀를 기울여 듣는 것이다. 상대방이 원하는 대로 얘기하도록 내버려두면, 즉 상대방의 욕구를 만족시켜 주면, 결과적으로 자기가 원하는 대로 할 수 있게 되기 때문이다.

## 남 의   신 발 에   자 기   발 을   넣 어 라

협상의 전략을 결정하는 과정에서 가장 중요한 것은 내 전략을 결정하기 전에 내가 채택하는 전략에 대해 상대방이 어떤 반응을 보일지 미리 예측하고 그 예측까지 고려하여 자기 전략을 결정하는 것이다. 자신의 행동과 전략에 대한 상대방의 반응을 고려하라는 얘기다. 그만큼 상호의존성은 중요하다.

포커나 화투놀이에서 자신이 어떤 카드를 낼 것인지, 혹은 어느 화투를 버릴 것인지는 순전히 자신의 판단에 대한 상대방의 반응이 어떠냐에 달려 있다. 내가 일상적으로 만나는 사람들에게 무례한 행동을 하지 않는 것은 그런 행동을 할 경우 그 사람들이 어떻게 반응할지 쉽게 예측할 수 있기 때문이다. 바둑에서 다음 한 수를 결정하기 위해서는 내가 놓은 수에 대해 상대방이 어떤 수를 놓을지 예상하고 거기에 대해 내가 어떻게 대응할 지까지 최소한 다섯 수는 앞서 생각해야 한다.

협상이론에서는 협상을 잘하기 위한 기본 전략의 하나로 '자기 발을 다른 사람의 신발에 넣어라' 라고 이야기한다. 다시 말해 역지사지易地思之하라는 것이다. 그 기본 정신은 사람과의 관계에서는 먼저 상대방을 배려하고 상대방이 원하는 것을 먼저 하도록 하는 것이 제일 좋다는 것이다. 네가 다른 사람에게서 받기 원하는 대로 다른 사람에게 대하라는 황금률이 바로 여기서 나온 것이다. 그러니 이 같은 황금률은 상호의존성의 최고 단계를 보여주는 것이라 할 수 있다. 남을 위하는 것이 결과적으로는 자기에게도 이로울 수 있다는 것이다.

하지만 사람과의 관계는 이 같은 역지사지의 태도만으로 이루어지지 않는다. 상대방과 승부를 가려야할 피치 못할 경우도 있다. 스포츠가 가장 대표적인 경우다.

## 페 더 러 와   나 달

로저 페더러. 현존하는 남자 테니스의 최강자다. 미국의 시사주간지 「타임」은 그를 '올해의 가장 영향력 있는 100인'에 선정하기도 했다. 혹자는 그를 세계 남자 테니스 역사상 가장 위대한 선수가 될 것이라 말하기도 한다.

그런 페더러에게도 천적 같은 선수가 있다. 페더러에 이어 남자 테니스계의 2인자인 라파엘 나달이 바로 그 사람이다. 나달은 기록 상으로는 페더러에 미치지 못하지만 페더러를 상대로 한 전적에서는 2007년 현재 8승 5패로 앞서고 있다. 그는 특히 클레이 코트에서 막강한 실력을 발휘해왔다. 그러니 한 사람은 잔디 위의 1인자이고, 다른 한 사람은 클레이 코트의 제왕인 셈이다.

이 두 사람이 조금 특이한 코트에서 맞붙었다. 한 면은 잔디로 되어 있고 반대쪽 면은 클레이로 된 코트였다. 한 쪽씩 상대방의 특성을 배려한 셈이다. 누가 이겼을까? 결론부터 말하면 나달이 페더러를 이겼다. 왜 이겼을까? 페더러는 상대방의 공이 날아오는 방향과 각도, 그리고 강도를 예측하여 강력한 리턴을 구사하는 스타일이지만, 나달은 동물적 본능에 의지하여 반사적으로 공을 상대방 코트로 넘기는 스타일이다. 클레이 코트에서는, 잔디 코트와 비교하여, 아무리 강력한 서브일지라도 공의 속도가 줄어들고 반사 각도

반은 잔디, 반은 클레이로 된 코트에서
맞붙은 페더러와 나달

와 방향이 불규칙하게 된다. 다시 말해 클레이의 압력 흡수성 때문에 클레이 코트에서는 공이 비규칙적이고 예측이 어려운 형태로 움직이게 된다. 그러니 페더러는 클레이 코트에서 상대방의 공(행동)을 잔디코트에서보다 예측하기 어려웠기 때문에 경기를 쉽게 풀어갈 수 없었다는 것이다.

**무 예 측 의    미 학**

아무리 세계적인 선수라도 상대방의 반응을 예측할 수 없으면 자기가 구사할 수 있는 대응에 한계가 있을 수밖에 없다. 그러니 페더러라도 어쩔 수가 없다.

축구 선수가 페널티킥을 찰 때 먼저 어느 쪽을 차겠다고 생각하면 골키퍼가 그의 생각을 어느 정도 예측할 수 있다. 공을 차는 선수의 모습 어딘가에서 그의 의도가 드러나기 때문이다. 그러니 페널티킥을 성공시키려면 골키퍼가 전혀 예측하지 못하게 할 필요가 있다. 가장 좋은 방법은 공을 차는 선수도 마지막까지 어느 쪽을 차려는지 모르는 것이다. 가위 바위 보를 할 때 가장 좋은 방법은 일정한 패턴으로 가위 바위 보를 내는 것이 아니라 순서 없이 무작위로 내는 것이다. 그게 무 예측의 미학이다.

협상이건, 게임이건, 시합이건 가장 좋은 것은 상대방의 행동과 말을 예상하고 그것까지 고려하여 자신의 태도를 결정하는 것이다. 그러나 세상살이가 그런 것처럼, 전혀 다른 순간에는 무 예측이 예측을 뛰어넘을 수 있다. 그러니 인생과 협상은 예술이라는 공통점을 가지는 것이 아니겠는가.

# 전략 18 배려하라

삶은 무엇을 손에 쥐고 있는가가 아니라 / 누가 곁에 있는가에 달려 있음을 나는 배웠다 / 우리의 매력이라는 것은 15분을 넘지 못하고 / 그 다음은 서로를 알아가는 것이 더 중요함을
또 나는 배웠다 / 무엇을 아무리 얇게 베어낸다 해도 / 거기에는 언제나 양면이 있다는 것을 / 그리고 내가 원하는 사람이 되는 데는 오랜 시간이 걸린다는 것을 / 사랑하는 사람에게는 언제나 사랑의 말을 남겨 놓아야 함을 나는 배웠다 / 어느 순간이 우리의 마지막 순간이 될지 아는 사람은 아무도 없으므로
( '예수의 작은 형제회' 의 어느 수사(修士)의 글)

## 리 어 왕 과   코 딜 리 어 의   비 극

딸 된 도리로서 저는 아버님 은혜에 보답코자 아버님께 복종하고 사랑하고 그 누구보다도 아버님을 공경합니다. 언니들이 아버님만을 사랑한다면 왜 시집을 갔을까요? 만약 제가 결혼한다면, 아마 제 사랑의 맹세를 받을 남편은 저의 사랑, 저의 마음, 저의 의무의 절반을 가져갈 것입니다. 제가 아버님만을 사랑한다면 절대로 언니들같이 결혼하지는 않을 것입니다. (셰익스피어의 「리어왕」중에서 코딜리어의 말)

리어왕은 자신의 땅을 셋으로 나누어 효성이 가장 지극하고 자기를 가장 사랑하는 딸에게 가장 큰 땅을 물려주려 했다. 그러니 딸들에게 얼마나 자신을 사랑하는지 말해보라고 한다. 첫째 딸과 둘째 딸은 교언영색巧言令色으로 리어왕의 마음을 일시나마 흡족하게 한

다. 다음은 리어왕이 애지중지하는 막내딸의 차례. 어떤 말로 자신의 가난한 마음을 기쁘게 할지 리어왕의 기대는 부풀어 오른다. 하지만 막내딸인 코딜리어가 하는 말은 아주 간단하다. "자식 된 도리로써 사랑할 뿐 그 이하도 그 이상도 아닙니다." 코딜리어의 말은 틀린 말이 아니다. 진실이다. 하지만 상대방을 배려하지 않은 무례한 진실이다. 진실이 조금도 가공되지 않은 채 생생하게 살아있어 상대방을 불편하게 하고 상대방을 실망시킨다. 그래서 리어왕은 오히려 마음이 돌아서 버린다.

이 날것 같은 진실은 마침내 코딜리어와 리어왕 모두를 죽음으로 내몬다. 교언영색으로 리어왕을 사로잡은 두 딸은 마침내 본색을 드러내고, 곤경에 사로잡힌 아버지를 구하러 코딜리어는 달려온다. 이 순간에야 리어왕은 막내딸의 진정한 마음을 알게 되지만 이미 늦었다. 죽음이 그들을 기다리는 순간, 코딜리어는 말한다. "가장 좋은 뜻을 가지고도 최악의 운명을 맞이한 것이 우리가 처음은 아니었어요."

하지만, 하지만 말이다. 진실이라는 생생한 날것에 상대방에 대한 배려라는 향기를 조금만 첨가할 수 있었다면 이런 비극은 피할수 있지 않았을까? "아버님, 저를 키워주시고 저를 사랑해주신 그 은혜를 어찌 잊을 수 있겠습니까? 결혼하여 지낼지라도 항상 저를 지켜보던 아버님의 그 사랑 만큼은 한시라도 잊은 적이 없습니다."

이 정도로 말했으면 어떠했을까? "제가 아버님만을 사랑한다면 절대로 언니들같이 결혼하지는 않을 것입니다" 왜 이런 말을 해야 했던가?

진실은 최상의 전략이다. 맞다. 하지만 그 진실이 상대방에게 제대로 전달되기 위해서는, 정말 큰 힘을 가지기 위해서는 상대방에 대한 배려라는 꾸밈의 옷을 입어야 한다.

## 문 명 은  꾸 밈 이 다

꾸밈은 형통할 수 있다. 갈 바를 두는 것(꾸밀 수 있는 여지를 남겨두는 것)이 조금 이롭다. 꾸밈이 형통하다는 것은 부드러움이 와서 강함을 꾸미기 때문에 형통하다는 것이다. … 꾸밈이 적절한 지혜를 가지고 지나치지 않게 멈추어 서 있는 것이 바로 인간의 문화이다. (주역)

저 사람이 없으면 못살 것 같다. 내 모든 생명의 근원이다. 부모님이, 선생님이, 친구가 반대한다 하더라도 나는 저 사람과 일생을 같이 하겠다. 얼마나 뜨거운 맹세인가? 얼마나 뜨거운 진실인가? 하지만 너무 생생하기에 너무 날것이기에 오히려 위험하다.

가령, 로미오와 줄리엣만큼 그렇게 순식간에 서로에게 잡혀버린 사랑은 드물다. 집안과 가문의 오랜 반목에도 불구하고 맹목 그 자체의 사랑이 아닌가.

부러워할 수도 있다. 하지만, 그런 날것 같이 생생한 사랑은 꾸밈이 없기에 위험하다. 부모나 친구 혹은 지인과 같은 주위 사람에 대한 배려가 없기에 도리어 불길하다. 로미오와 줄리엣이 어떤 결말을 맞이하는지 모르는 사람은 없다. 두 사람이 사랑에 겨워 몰래 예식을 올릴 때 로렌스 신부는 혼자서 다음과 같이 중얼거린다. "이러한 벅찬 기쁨엔 험한 종말이 있게 마련이다. 불티와 화약이 서로 닿자마자 폭발하듯이 승리는 절정에서 숨을 거두는 법이다."

그러니 꾸밀 수 없는 것은, 꾸밀 수 없다고 말하는 것은 뭔가 잘못된 것이다. 타인에 대한, 상대방에 대한 배려가 빠져있기 때문이다. 이런 배려는 개인 간의 사랑에서 뿐 아니라, 모든 인간사에서도 그대로 적용된다.

삼고초려三顧草廬. 유비가 제갈량을 얻기 위해 어떠한 배려를 했는지 어떠한 꾸밈을 행했는지 보여주는 고사다. 만약, 유비가 삼고초려를 하지 않았다면, 인재를 얻으려는 '진실'을 스스로를 낮추는 '향기'로 꾸미지 않았다면 아마도 제갈량은 유비에게로 가지 않았을 것이다.

그러니 명심하라. 단체의 장이, 기업의 대표가, 지역의 웃어른이 당신을 부르더라도, 그 부름에 예의가 없고, 꾸밈이 없고, 배려가 없다면 절대로 나서지 마라. 최소한 "너무 바빠서 직접 찾아가지 못하는 결례를 범했네." 혹은 "자네의 힘을 빌리고 싶네. 좀 도와주지 않겠는가?"라는 정도의 꾸밈과 배려는 있어야 한다. 만약, 그렇지 않다면 능력있는 당신이 너무 아깝지 않은가.

## 마 음 과 　말 과 　꾸 밈

"당신 팔자야!" 여자는 남자에게 한 마디를 툭 던진다. 하루 종일 일하고 들어온 남자가 피곤함을 여자에게 호소하니 앞뒤 재지 않고 여자가 한 마디 한 것이다. 남자는 당연히 샐쭉한다. 결혼해서 같이 살고 있는 마당에 '당신 팔자' 라니. 그래서 작심하고 한 마디 한다. "내 팔자가 아니라, 우리 팔자야."

　여자는 마음에 떠오른 말을 하고 남자는 마음먹은 말을 한다. 하지만 여자의 마음에 떠오른 말은 남자를 배려하지 않는 말이다. 꾸미지 않은 말이다.

　마음과 말과 행동과 생명으로Herz und Mund und Tat und Leben. 바흐 칸타타 BWV 147번의 이름이다. 얼마나 아름다운가? 마음, 말, 행동, 그리고 그 모든 것이 합하여 생명으로 바뀐다. 마음과 말과 행동과 생명. 그 순서만큼이나 의미심장하지 않은가. 이 BWV 147번의 6번 째 합창곡이 그 유명한 '예수는 인류의 기쁨과 소망Jesus, joy of Man' s desiring' 이라는 곡이다. 그러니 예수에게서 마음과 말과 행동은 하나가 되어 진정한 생명을 얻은 것 같기도 하다. 이 곡은 바흐

의 예술을 대표하는 합창곡 중 하나인데 '그저 아름답다'는 말이 그토록 어울릴 수 없는 음악이다. 마음과 말이 제 자리를 잡을 때, 그것이 적절한 방식의 꾸밈을 가질 때, 그것은 예술이 된다. 그럴 때 마음과 말과 꾸밈은 하나가 된다.

## 꾸 밈 과  진 실

어떻게 보면 인간의 삶 자체가 하나의 장식일 수 있다. 화려하게 쌓아 올린 문명 자체가 상대방을 배려하고, 상대방을 조금 덜 기분 나쁘게 하고, 상대방과의 사이에 균형을 유지하려는 처절한 노력일 수 있다. 하지만 그런 노력이 사람을 사람답게 한다. 사람을 사람답게 하려는 그런 노력의 연장선상에서 진실의 힘과, 그 진실을 전달하는 꾸밈의 힘이 효과를 발휘한다.

너무 어려운가? 그렇다면 아내가 냉장고에 넣어두었던 자두를 모르고, 아니 어쩌면 알면서도 먹어버린 한 남편의 작은 배려가 담긴 시를 읽어보자. 그래서 '진실'은 무엇이고 '꾸밈'은 무엇인가를 한 번 생각해 보자.

냉장고에 있던 자두를 내가 먹어버렸다오.
아마 당신이 아침 식사 때 내놓으려고 남겨둔 것일 텐데 용서해요.

한데 아주 맛있었소.

얼마나 달고 시원하던지.

(윌리엄 칼로스 윌리엄스의 '다름 아니라' 전문)

# 좌고우면하라

> 그렇다면 좋다. 내 아들아. 네 전략을 발전시켜 게임의 상이 네 손아귀를 벗어나지 못하게 하려무나. 힘보다 전략이 더 나은 나무꾼을 만들기 마련이다. 전략은 청포도 빛 바다에 세찬 바람이 몰아치더라도 키잡이가 뱃길을 벗어나지 않도록 해주느니라. … 어떤 기수는 말들과 마차를 믿고서 생각 없이 이리저리 방향을 바꾸어 경주 내내 고삐를 조이지 못한다. 그러나 더 적은 말로도 이기는 법을 아는 자는 말뚝에 시선을 고정시키고 모퉁이를 돌 때 바싹 붙으며 처음부터 선두를 주시하면서 고삐를 늦추지 않는다. (호머의 『일리아드』 중에서)

## 순 간 의  결 정

진부한 말이지만 우리 삶은 순간이라는 시간의 연속이다. 그래서 그 순간을 어떻게 활용하고 그 순간에 어떤 결정을 내리느냐에 따라 삶의 모습이 달라진다.

순간이 너무 짧은 기간이라고 생각된다면 순간이란 말 대신 '주어진 여건'으로 바꾸어도 좋다. 시간의 길이만 다를 뿐이다. 어느 경우든 당신은 그 순간 혹은 그 여건과 협상을 하는 셈이고 당연히 협상의 목표는 그 순간 혹은 그 여건에서 최고의 최선의 결과를 만들어내는 것이 된다.

## 9 회 말 투 아 웃

당신이 감독으로 있는 고등학교가 고교야구 결승전에 나갔다. 그리고 9회 말, 스코어는 2대 2, 투 아웃에 역전 주자가 1·2루에 나가 있다. 당신은 감독으로 마지막 공격 전략을 짜야 한다. 그리고 4번 타자가 타석에 들어섰다. 상대 학교 투수가 긴장한 끝에 공을 빼느라 볼 카운트는 투 스트라이크 스리 볼. 다시 정리하자. 결승전, 9회 말, 투 아웃, 주자 1·2루, 타자의 볼 카운트는 투 스트라이크 스리 볼. 자 이제 투수가 공을 던지면 당신은 2루 주자에게 무어라고 지시를 내려야 한다. 어떤 지시를 내려야 할까?

조금만 생각하면 그 답을 알 수 있다. 투수가 어떤 공을 던지든 당신은 2루 주자에게 투수가 공을 던짐과 동시에 3루로 달려가라고 명령을 내려야 한다. 그게 최선이다. 투수의 공이 볼이어서 볼넷이 되면 당연히 3루로 가게 되고, 타자가 단타를 치게 될 경우 투수가 공을 던짐과 동시에 3루로 뛰었다면 발 빠른 주자일 경우 홈까지 뛰어서 결승점을 올릴 수 있다. 당연한 말이지만 타자가 삼진을 당한다면 그것으로 경기는 끝이다. 그러니 어떤 경우라도 2루 주자는 투수가 공을 던짐과 동시에 3루로 달려가는 것이 최선이다.

게임이론에서는 이러한 전략을 절대 우위 전략이라고 한다. 즉, 위와 같은 경우 2루 주자로서는 투수가 공을 던짐과 동시에 3루를 향해 뛰는 것보다 더 나은 선택은 없다. 바꾸어 말하면 투수가 공을 던짐과 동시에 전력을 다해 뛰지 않는다면 이길 수 있는 기회를 놓칠 수도 있다는 얘기다. 어떤 여건이나 상황이 주어질 때 상대방이 어떤 행동을 취하느냐에 관계없이 자신에게 최선의, 최고의, 혹은 더 이상 나빠지지 않을 결과를 가져다주는 전략이 있다면 주저하지 말고 이 전략을 택해야 한다.

그러니 절대 우위 전략은 자신이 가지고 있는 많은 전략 중 가장 뛰어난 전략을 의미하는 것이지 상대의 전략에 비하여 자신의 전략이 뛰어나다는 것을 의미하지는 않는다. 협상에서 가장 중요한 것은 상대방의 반응을 고려한 상호의존이지만, 그 상호의존을 고려하더라도 자신에게 더 이상 나빠지지 않을 전략이 있다면 그것을 선택하는 게 바람직하다.

하지만 때에 따라서는 절대 우위 전략을 찾는 게 쉽지 않을 수도 있다. 그럴 경우는 좌고우면하면서 순간과 여건의 의미를 재는 과정이 필요하다.


**인 디 아 나   존 스 와   성 배**


「인디아나 존스, 최후의 성전」이라는 영화에서 나오는 장면이다 (이 사례는 『thinking strategically』에서 인용하였다). 인디아나 존스와 그의 아버지, 그리고 독일군은 성배聖杯가 있는 곳까지 가까이 왔다. 존스와 그의 아버지는 성배를 구하려는 독일군의 협조 요청을 거부했고, 그러자 독일군은 존스의 아버지에게 총을 쏘아 치명상을 입혔다. 우여곡절 끝에 존스와 상처 입은 그의 아버지(치명상을 입어 움직이지 못한다), 그리고 독일군 장교 한 명은 성배가 있는 장소에 도착했다. 그 곳에서 진짜 성배를 선택해 성수를 먹으면 치명상이 나음은 물론 영생을 얻을 수 있다. 하지만 성배가 3개나 있어서 진짜 성배를 택해야 하는 선택이 남아 있다. 가짜 성배를 택하여 가짜 성수를 먹게 되면 그 자리에서 죽어버린다. 독일군 장교는 성급하게도 여러 개의 성배 중 금으로 번쩍이는 성배를 선택하여 마신 뒤, 그 자리에서 저주를 받아 죽고 만다.

이제는 존스의 차례. 그가 제대로 된 성배를 선택해야 상처 입은 아버지를 치료할 수 있고 자신도 살아남을 수 있다. 존스는 어떤 선택을 해야 할까? 첫 번째 방법은 자신이 둘 중 하나의 성배를 택하여 먼저 먹어본 뒤 아버지에게 권하는 방법이고, 두 번째 방법은 아버지에게 먼저 성배를 먹인 뒤 그 결과를 보고 다시 선택하는 방법이다. 어느 것이 절대 우위 전략일까?

당연한 말이지만 두 번째 방법이다. 첫 번째 방법을 택할 경우 선택한 성배가 진짜가 아니라면 존스는 그 자리에서 죽어버릴 것이고, 아버지 역시 치료를 받지 못해 죽고 말 것이다. 두 번째 방법을 택할 경우 만약, 성배가 진짜라면 아버지는 나을 것이고 존스 역시 그 성배에 담긴 성수를 나눠 먹을 수 있게 된다. 만약 성배가 가짜라면 그의 아버지는 죽을 것이지만, 그 결과로써 마지막 남은 하나의 성배가 진짜라는 것을 알게 된다. 이 방법을 택하면 그의 아버지를 고치지는 못할지언정 최소한 존스는 죽지 않을 수 있다. 확률상 최소한 한 사람이라도 살아남을 수 있는 방법인 셈이다. 하지만 영화에서 존스는 첫 번째 방법을 택하게 되고 운 좋게도 그가 선택한 성배가 진짜였기 때문에 두 사람 다 살아남게 된다. 다시 말해 영화에서 존스는 절대 우위 전략을 택하지 않았다는 것이다. 그래서 영화가 아닌가.

이 같은 상황이 현실에서 벌어질 경우 당신이라면 두 번째 선택을 할 수 있겠는가? 그렇지 못할 수 있다. 이성으로는 두 번째 방법을 택하는 것이 최선이라는 것을 알지만 당신의 아버지를 성배로써 먼저 시험한다는 것이 영 내키지 않을 수 있기 때문이다. 그러니 그런 인정에 얽매이지 않도록 좌고우면하는 것이 더 나을 수 있다.

## 관 습 과  전 통 의  힘

앞에서 예로 든 야구경기와 같은 경우에서는 그 결정의 영향력이 미치는 기간이 상대적으로 짧다. 하지만 평생에 영향을 미치는 순간의 판단은 어떻게 하는 것이 좋을까?

예컨대, 당신이 꿈에도 그리던 사람을 우연히 만났다고 하자. 하지만 당신은 그 사람과 사랑에 빠질 것 같은데 그 사람은 그렇지 않을 수도 있다. 또, 옆에 있는 당신의 친구들이 겁을 준다. 사랑이 결실을 맺으면 좋지만 그렇지 않을 경우 그 후유증은 얼마나 큰지 아느냐고 말이다. 심지어 실연한 나머지 죽은 사람도 있다는 식의 방해를 한다. 헤매는 당신. 사랑을 하는 것(혹은 사랑에 빠지는 것)이 좋을까? 아니면 사랑을 하지 않는 것(혹은 사랑에 빠지지 않는 것)이 좋을까?

결론부터 말하면 사랑을 하는 것이 절대 우위 전략이다. 알프레드 테니슨Alfred Tennyson은 이것을 "사랑을 전혀 하지 않는 것보다는 헤어지더라도 사랑을 하고 헤어지는 것이 낫다."라고 말하고, 체로키 인디언은 "사랑을 잃는 것이 두려워 사랑하지 않는 것은 죽는 것이 두려워 숨 쉬지 않는 것처럼 어리석은 일이다."라고 말한다. 오랜 세월 내려온 관습과 전통의 지혜와 통찰력이 묻어있는 말이다. 달리 말해, 당신이 결정을 내리기 어려운 문제에 직면해 있을 경우, 그 문제에 대한 관습과 전통의 답이 있다면 그 답을 따르는 것이 최선의 선택이 될 수 있다는 것이다. 사랑과 결혼의 위대성을 강조하는 잠언들은 결코 빈 말이 아니다.

## 인 생 은   선 택 이 다

하지만 상대방과의 관계에서 당신이 절대 우위 전략을 발견하지 못했다면, 혹은 절대 우위 전략이 없는 경우라면 어떻게 해야 할까? 이 경우에는 협상과 전략의 가장 기초적인 원리, 즉 상호의존성의 관계로 다시 돌아가면 된다. 상대방이 자신의 절대 우위 전략을 선택할 것을 예상하고 그 선택에 맞추어 자신의 대응을 결정하면 된다.

예를 들어, 당신의 마음에 들지 않는 여자 혹은 남자가 당신이 이상형이라고 고백하면서 사랑을 할 것을 혹은 결혼을 할 것을 요청해 왔다고 치자. 이 글을 읽은 당신이라면 어떻게 해야 할까? 상대방은 당신과 사랑에 빠지는 것이 절대 우위 전략이다. 하지만 당신은 아닐 수 있다. 어떻게 해야 할까? 1)상대방의 가슴에 못을 박는 것은 못할 일이니 싫어도 만난다. 2)마음에 들지 않으니 만나지 않는다. 선택은 전적으로 당신의 몫이다.

# 높게 멀리 보라

장수노릇을 잘 하는 자는 무력을 쓰지 않는다. 잘 싸우는 자는 노여움을 드러내지 않는다. 적을 잘 이기는 자는 맞먹지 않는다. 사람을 잘 쓰는 자는 자기를 잘 낮춘다. 이것을 일컬어 싸우지 않음의 덕이라고 한다. 이것을 사람을 쓰는 힘이라고 한다. 이것을 일컬어 하늘에 짝한다 한다. 이것은 모두 예로부터의 준칙이다. (도덕경)

## 잘   이 기 는   법

개인, 기업, 사회, 단체, 국가 등 이 지구상의 어떤 조직 혹은 유기체 이건 상대방과의 관계를 맺는 과정에서 이기고 짐의 경우를 경험하지 않는 것은 없다. 작게는 사소한 말싸움에서부터, 크게는 한 나라의 운명이 걸린 일에 이르기까지 상대방과 일합—合을 겨루어야 하는 경우를 맞이하기 마련이다. 그리고는 이기기를 원한다. 그 중 가장 으뜸가는 이김의 방법이 손자가 말한 신전모공愼戰謀攻의 방법이다.

　손자는 말한다. "전쟁의 원리는 다음과 같다. 가장 바람직한 것은 내 나라를 온전히 보전하는 것이고, 남의 나라를 깨뜨리는 것은 그 다음이 된다." 전쟁이 일어나면 적을 이기기 위해 나 역시 어느 정도의 피해를 감수해야 한다. 따라서 전쟁을 일으킨 다음 백전백승하기보다는 전쟁을 하지 않고 상대방을 굴복시키는 것이 제일 좋다. 그래서 가장 뛰어난 군사 전략은 지모智謀로써 적을 굴복시키는 것이며, 두 번째는 외교적인 방법으로 적을 물러가게 하는 것이다. 마지막으로 피치 못해 택하는 방법이 군대를 동원하여 적과 전투를 벌이는 것이다.

서기 993년. 거란의 소손녕이 80만 대군을 거느리고 고려를 침략했다. 하지만 서희는 무력으로 맞서 싸우지 않았다. 오히려 협상을 통한 외교로써 소손녕 스스로 물러가게 했고, 거기에 덧붙여 강동6주를 돌려받기까지 했다. 대단하지 않은가.

신전모공은 국가 간의 전쟁이 아니라 기업과 개인의 경우에도 그대로 적용된다. 경쟁기업이 가격을 인하함으로써 시장점유율 경쟁을 벌일 때 덩달아 가격 인하를 함으로써 일전을 불사할 수도 있다. 하지만 가격인하를 통해 이긴다면 그것은 상처뿐인 영광이다. 그러니 함께 가격을 인하하는 것이 어느 정도의 손실을 가져오는지 상대 기업이 알게 함으로써 가격인하 전쟁을 피하는 방법을 쓰는 게 더 낫다. 그게 지모다.

상대방이 자신의 자존심을 건드리거나 모욕감을 줄 때 격렬히 반응하는 것이 일반적이다. 하지만 그보다 더 좋은 것은 상대방의 행동과 말이 자신에게 얼마나 많은 모욕을 주는지를 알게 함으로써 상대방이 스스로 깨달아 뉘우치게 하는 것이다. 그게 원려遠慮다.

누구나 아는 교훈일 수 있다. 하지만 누구나 다 이렇게 행동하지는 못한다. 높은 곳에 오르지 않고서는, 사건과 사물과 사람을 보는 눈과 관점이 상대방보다 한 단계 더 높지 않고서는 이런 전략이 나올 수 없다.


## 조 삼 모 사

익히 아는 고사다. 송나라에 원숭이를 기르는 노인이 있었는데 어느 날 그 노인이 원숭이들에게 "오늘부터 아침에 도토리를 세 개, 저녁에 네 개를 주겠다."고 말했다. 그러자 원숭이들이 격렬하게 반응을 했다. 아침에 도토리를 세 개 준다는 것은 말이 안 된다는 것이었다. 이 반응을 본 노인은 "그러면 아침에 네 개, 저녁에 세 개를 주겠다."고 말했다. 그러자 원숭이들은 뛸 듯이 기뻐하였다. 자기들이 원하는 바를 얻었다는 것이다.

누구나 아는 바와 같이 이 고사의 교훈은 원숭이들의 어리석음을 지적한 것이다. 하루에 일곱 개를 나누어주는 것은 변함이 없는데 그것을 아침, 저녁으로 나누어 준다고 무슨 차이가 있느냐는 것이다. 일곱이라는 합에 차이가 없는데 그것을 나누어 시비를 가리는 것이 참으로 어리석다는 것이다.

흥미롭게도 경제학적인 관점에서 조삼모사를 주장한 원숭이들은 매우 현명했다는 주장이 제기되고 있다. 아침과 저녁으로 구분했지만 그것은 이른 아침과 늦은 저녁으로 볼 수 있고 그렇다면 도토리를 받는 기간은 만 하루의 차이로 해석할 수 있다. 따라서 아침에 도토리 네 개를 받아 은행에 넣어두거나 적절한 곳에 투자를 한다면 아침에 도토리 세 개를 받는 것보다 더 큰 투자수익을 얻을 수 있으니 원숭이들이 정말 현명하다는 것이다. 이런 주장에 동의하는가? 자산 투자의 시대는 이런 고사마저 전혀 다른 방향으로 해석하기도 한다.

하지만 조삼모사의 진정한 교훈은 인간과 조직의 모든 다툼, 시시비비是是非非는 차원을 달리해서 보면 원숭이들의 조삼모사와 다를 바 없다는 것이다. 현대적 해석이라는 투자수익 또한 투자손실이라는 측면을 고려할 때 '말장난'에 불과할 수 있다. 고등학생 정도면 이 고사를 다 알 것이다. 하지만 자신의 삶에서 이 고사의 교훈을 체화하는 사람은 얼마나 될까? 사람과 사물을 대하고 이해하는 관점을 한 단계 더 높이지 않으면 우리 또한 원숭이들의 수준으로 떨어질 수밖에 없다.

장자는 이런 인식이 한 단계 더 높아진 경지를 양행兩行이라고 불렀다. 옳고 그른 것이 명백히 구분되는 것이 아니고, 좋은 것과 나

뿐 것이 명백히 구분되는 것이 아니며, 현명함과 어리석음도 분명히 드러나는 것이 아니라는 것이다. 그래서 양행을 아는 사람들은 사랑과 미움에 흔들리지 않는다. 그러니 당연한 이야기지만 양행을 아는 사람들은 다른 사람들의 비난과 찬사에도 움직이거나 흔들리지 않는다.

## 미 륵 보 살    반 가 사 유 좌 상

국립중앙박물관에 소장된 국보 제83호 미륵보살 반가사유좌상. 이 좌상은 국보 제78호와 더불어 우리 고대 불교예술의 걸작으로 꼽히는 작품이다. 특히 제83호인 이 반가사유좌상은 일본 교토 교류사에 있는 목조반가사유좌상(일본 국보 제1호)과 그 모습이 흡사한데, 아니나 다를까 그 일본의 좌상은 고대 한국에서 만든 것으로 드러났다.

칼 야스퍼스는 이 일본의 반가사유좌상에 대하여 다음과 같이 말한다. "이 미륵반가사유상에는 실로 완전히 완성된 인간 실존의 최고 이념이 남김없이 표현되어 있다. 그것은 지상에 있는 모든 시간적인 것과 어떠한 형태의 속박을 초월해서 도달한 인간 존재의 가장 청정한, 가장 원만한, 가장 영원한 모습의 상징이라고 생각한다. 이 세상에 이처럼 평화를 상징하고 인간의 이상적인 모습을 나타낸 불상은 없다." 한국의 고대 불상에 바치는 최고의 헌사가 아닐 수 없다.

　어울리지 않을지 모르나 개인적인 경험 한 가지를 들고 싶다. 30여 년 전 약관의 시절 경복궁에 위치한 국립박물관에서 금동미륵보살 반가사유좌상을 보고, 정확히는 그 불상의 미소를 보고서 나는 오랫동안 그 자리를 떠나지 못했다. 그것은 감동이고 충격이었다. '어떠한 경험을 했기에, 어떤 수련을 했기에, 어떤 마음가짐을 가졌기에 저런 미소가 나올 수 있나.' 그렇게 궁금할 수 없었다. 30여 년이 지난 지금도 그 감동은 조금도 변하지 않고 있다. 단지, 칼 야스퍼스의 글을 대하고선 '그 때 내가 느낀 그 감정을 세계적 철학자는 이렇게 표현하는구나.' 하고 생각했을 뿐이다.

## 높이 나는 새가 멀리 본다

모든 사람이 철학자가 될 수 없고, 모든 사람이 일상사를 뛰어넘는 혜안慧眼의 경지에 이르지는 못한다. 조삼모사를 알면서도 그 구조에 얽혀버리고, 싸우지 않고 이기는 것이 최선인 줄 알면서도 감정과 에너지를 쏟아 한바탕 퍼부어 버리고, 한 순간의 고통을 참지 못하여 긴 고통을 줄 전쟁을 결정하기도 한다. 시시비비, 갈등과 다툼, 소탐과 대실. 그것이 우리의 살아가는 모습이다.

하지만, 그렇기 때문에 바로 그런 점에서 조금 더 높이 올라가고 한 단계 더 높여서 우리 생활의 흐름을 지켜볼 필요가 있는지 모른다. '주식과 아파트에 투자하여 100억 원을 모으기보다는 저 불상의 미소를 삶의 목표로 삼고 살아야겠다.' 고 생각할 수도 있다. 하지만 더 역설적으로 100억 원을 모으는 그 과정을 통해서 저 불상의 미소를 얻을 수도 있지 않을까? 성스러움과 속세를 분리하지 않고 그것을 통합하여 그 자체를 뛰어넘을 수 있다면 그 일도 가능하지 않을까 싶다.

3부

# 30년의
# 평화

세상을 잘 이해하고 그 세상에 멋있게 도전하여 성공을 얻었다고 하자. 많은 사람이 그런 상태에 도달할 수 있다. 하지만 그 상태에 한 가지가 빠져있다면 그것은 진정한 성공이 아니다. 그 하나란 마음의 평화다. 혹은, 역설적으로 마음의 평화 하나 얻기 위해 이 세상의 모든 것을 버릴 수 있을지도 모른다. 하기는 사람마다 마음의 평화가 의미하는 바가 다르니 마음의 평화를 정의하느라 또 마음의 평화를 잃어버릴 수도 있다.

달리 말하면 마음에 흔들리지 않는 안온감이 있어야 세상을 이해할 수 있고 세상에 도전할 수 있을지 모르겠다. 그런 마음의 평화를 얻는, 혹은 지키는 전략 10가지를 모아보았다.

**변하지 않는 것은 없다. 바닥을 경험하라. 가슴으로 끌어안아라. 물 흐르듯 대하라. NO라고 말하라. 마음의 흔적을 없애라. 세상과 거리를 둬라. 먼저 비워라. 고통 속에서도 희망을 보라. 죽음을 뛰어넘어라.**

3부에서 말하려는 것은 마음의 평화만이 아니다. 세상을 알기 위해서도 세상에 도전하기 위해서도 결국 중요한 것은, 결국 돌아오게 되는 것은 다름 아닌 '자기 자신'이라는 것을 말하려 한다. 자기 자신. 결국 모든 것의 출발점이자 모든 것의 도착점이기도 하다. 그러니 이 책의 출발이자 종착도 역시 자기 자신이다. 그래서 이 3부는 이 책의 제일 마지막에 보아도 좋고 제일 처음에 보아도 좋다.

3부를 읽고 난 뒤 독자 여러분이 가져 주었으면 하는 것은 '부동심不動心' 즉 흔들리지 않는 마음이다. 도와 성공을 구태여 거론하지 않더라도 세상을 살아가는 동안에 자신에게 다가오는 모든 것을 대하는 가장 좋은 태도는 바로 이 흔들리지 않는 마음이다. 마음이 흔들리지 않을 때, 바로 그 때 당신은 새롭게 앞으로 나아갈 수 있다.

## 전략 21 변하지 않는 것은 없다

> 세간(世間) 일체는 무상하여 어떤 것에도 머물 수 없고 어떤 것도 변하지 않는 것
> 이 없으며 어떤 것도 나에게 속하지 않는다. 인세간(人世間) 일체는 모두 고통이며
> 어떤 것에도 궁극적인 쾌락, 궁극적인 행복이 없다. 일체는 모두 공(空)으로서 파악
> 할 방법이 없으며, 모두 변해가며, 변하고 나면 아무 것도 붙들 수 없다. 붙들 수 없
> 는 이 상황, 이 경계가 곧 공이다. 그러므로 무상, 고(苦), 공, 무아는 결국 본래 무아
> 이다. 부처가 말한 것은 모두 이렇습니다. (남회근의 『금강경 강의』중에서)

### 진 시 황

중국을 최초로 통일한 진시황은 자신의 칭호를 왕에서 황제로 바
꾸었다. 자신은 첫 번째 황제이므로 '처음 시始'를 써서 시황제始皇
帝라 하였고 아들을 이세황제, 그 다음 황제를 삼세황제라 하여 자
신의 황제 가계가 자자손손 이어지기를 원했다. 하지만 진시황조
는 이세황제인 호해에 이르러 2대 15년 만에 막을 내리고 말았다.

분서갱유焚書坑儒 등 막강한 권세를 자랑하던 진시황이었지만 그
런 권력도 100년은커녕 10년이 지나면서 비틀거리기 시작한 것이
다. 그러니 진시황은 만세의 황제 가계를 남긴 것이 아니라 아무리
강력한 권세라도 10년을 이어가지 못한다는 고사만 남기고 말았

다. 그 권불십년權不十年의 대구對句가 화무십일홍花無十日紅(꽃은 열흘을 붉게 물들지 않는다)임은 누구나 안다. 그리고 이 고사성어가 무엇을 의미하는지 누구나 다 알고 있는 듯이 말한다.

하지만 권력이 아니고 꽃이 아닌 현실에서 경험하는 일상사에서 이런 이치를 가슴에 새기는 사람이 얼마나 될까. 2007년, 한국의 주식시장은 지난 10여 년간 박스 권에 갇혔던 서러움을 보상이라도 하듯 연일 최고치를 경신했다. 그 와중에서 몇몇 고객들은 거세게 항의를 했다고 한다. '주가가 조정을 보일 때 들어가라' 는 증권회사 직원의 조언을 들었다가 주식을 살 기회를 놓쳐버렸기 때문이란다. 돈과 추세에 취한 사람들의 항의이다. 눈에 보이는 돈을 왜 잡지 못하게 방해했냐는 것이다.

과연 그럴까? 그럴 때일수록 근본으로 돌아가는 것이 필요하다. 권불십년. 그게 맞는 말이다. 한국 주식시장의 상승세가 아무리 살아있다 하더라도 그 때는 잠시 쉬는 게 맞는 일이었다. 도대체 천지간에 오르기만 하는 것이 어디 있단 말인가?

2008년 초, 다시 주식은 기나긴 조정을 거치고 있었다. 사람들은 공포에 질려, 더 떨어질까 두려워 주식을 사지 않고 내다 팔았다. 펀드에 가입하라고 권한 증권회사 직원들에게 다시 항의를 하는 사태까지 일어났다. 하지만 과연 그럴까? 세상에 내리기만 하는 주식이 어디 있단 말인가? 시간이 지나면 다시 회복되는 것이 천지의 순리가 아닌가.

## 사 랑 도　변 한 다

"한 눈을 감고 상대방을 바라보는 것이지요." 50년 넘어 해로하고 있는 부부에게 결혼생활을 유지한 비법이 무엇이냐고 물으니 이런 답변이 돌아왔다. 20대나 30대 초의 '사랑의 열정'에 사로잡혀 있는 연인들은 이런 말을 들으면 도저히 이해하지 못한다. 서로 사랑하면 되지 무슨 다른 비법이 필요하냐는 것이다. 거기다 그들은 한마디를 더 붙인다. 사랑이 변할 이유가 뭐가 있느냐고. 그들은 현재의 열정이 언제까지나 변함없을 것이라고 '영원한 사랑'을 굳세게 정말 굳세게 말한다. 커플링을 끼거나 커플 티를 입는 것도 이런 심리를 배경으로 한다. 부모가 결혼을 반대하더라도 '사랑하니까, 사랑으로 무슨 난관이라도 헤쳐갈 수 있다'고 주장하며 자신들의 사랑의 승리를 외친다.

　잔인한 말일 수 있지만 현실은 빨리 알수록 좋은 법. 심리학에 의하면 상대방에게 눈이 멀어버리는 '열정적인 사랑'의 기간은 짧으면 1년, 길어야 3년에 불과하다고 한다. 그 이후 결혼생활을 유지하게 하는 것은, 그 때 상대방과 오랜 관계를 유지하게 하는 것은 '열정적인 사랑'을 뛰어넘는 파트너십, 즉 동지애이고 10년, 20년을 넘어서면 연민에 가까운 정겨움이 그 자리를 대신한다고 한다. 달리 말하면 진정한 사랑은 '감정에 들뜬 열정'이 아니라 '어떤 일에도 고개를 끄덕이는 동감'이라는 것이다. 그러니 '사랑'이라는 단어를 다시 정의할 필요가 있을지도 모른다.

「봄날은 간다」라는 영화에서 헤어지기를 원하는 이영애에게 유지태는 무너질 듯 말한다. "어떻게 사랑이 변하니?" 글쎄, 유지태는 이 세상의 법칙 하나를 모르고 있는 것이 아닐까? 어떻게 사랑이 변하지 않을 수 있는가? 어떻게 그 열정이 식지 않을 수 있는가?

## 세 월 앞 에 장 사 없 다

수에즈 운하. 유럽과 아시아를 잇는 항로를 거의 절반으로 단축시켜 유럽 국가들이 인도양을 비롯한 동쪽 지역으로 진출할 수 있게 해 준 운하다. 이 운하가 없었다면 세계 역사는 달리 쓰여졌을지도 모른다. 길이 162.5킬로미터, 폭 365미터인 이 운하를 건설한 사람이 '페르디난드 데 레세피'이다.

그는 1854년 이집트로부터 수에즈 운하 굴착권과 조차권을 획득하였고 1859년 4월 공사를 시작한 뒤 10년 만인 1869년에 이 운하를 개통시켰다. 그는 이 운하를 뛰어난 비전과 결단력을 통해 완성시켰다. 모든 사람들이 불가능하다고 말할 때도 그는 그렇기 때문에 더 성공시킬 가치가 있다고 말했다. 자신감, 열정, 불굴의 의지를 느낄 수 있는 대목이다.

이런 성공을 경험한 그가 이번에는 파나마 운하에 도전했다. 그는 1879년 파나마 운하의 공사권을 파나마 정부로부터 획득했다. 하지만 그로부터 정확히 10년 뒤인 1889년, 이 공사를 성공시키지 못하고, 그와 함께 그가 운영했던 회사도 파산하고 말았다. 10년 만에 수에즈 운하를 완성시킨 그가 이번에는 10년 만에 파나마 운하를 완성시키지 못하고 실패하고 만 것이다. 왜 그랬을까?

우선 기술적인 문제. 수에즈 운하의 경우 지면이 낮고 모래로 되어있어 파내려가기가 비교적 쉬웠다(그래서 수에즈 운하의 수위는 해수면과 똑같다). 반면, 파나마 운하의 경우 지면이 해수면보다 월등히 높고 사막대신 호수나 밀림을 통과하고 있었기 때문에 땅을 파기가 쉽지 않았다(그래서 나중에 미국에 의해 완성된 파나마 운하는 갑문식으로 수위는 해수면보다 높다). 레세피가 공사를 시작할 당시 이런 점을 몰랐을 리 없다. 파나마가 밀림과 호수로 덮여있다는 것은 한 번만 둘러보아도 알아차릴 수 있기 때문이다.

문제는 수에즈 운하를 성공시킨 열정, 자신감, 불굴의 의지가 이번에는 통하지 않았던 것이다. 만 49세에 수에즈 운하 공사를 시작할 때의 그와 만 74세에 파나마 운하 공사를 시작할 때의 그는 같은 사람이 아니었다. 한 번의 큰 성공을 경험했다고 해서 그 성공이 나이를 초월하여 가능하다고 말할 수는 없다. 만 74세의 나이. 아무리 긍정적으로 본다 해도 자신감, 열정, 불굴의 의지를 외칠 나이는 아니다. 그런 특징은 40~50대의 몫이지 70대의 몫이 아니다. 시간과 세월이 자기를 바꾼다는 것을 인식하지 못했던 것이다.

## 변 하 지  않 는  것

변하지 않는 것은 없다. 사랑도 열정도 변하고, 권력도 부귀영화도 명예도 언젠가는 스러진다. 가치 있게 생각했던 모든 것도 언젠가는 퇴색한다. 그런 변화를 일으키는 가장 큰 원동력은 '시간의 흐름'과 '죽음'이다. 누구도 무엇도 시간의 흐름을 벗어날 수는 없고, 살아있는 동안 추구한 모든 것도 죽음 앞에서는 부질없다. 그러니 변하지 않는 것이 없다는 사실은 변하지 않는다.

위대한 전략가들은 말한다. 전략적인 삶의 가장 큰 지혜는 이러한 원리를 인정하면서 자신의 삶을 조화롭게 이끌어가는 것이라고. 시간의 관점에서 볼 때 '지금 이 순간'의 아름다움을 인정하는 것보다 더 큰 지혜는 없다. 변하는 순간순간의 경계를 긋는 바로 '지금'을 소중히 하고 가꾸는 것. 그게 선사禪師들이 추구한 선지식禪知識이다. 또, 죽음의 관점에서 볼 때 우리가 '현재 가지고 있는 것을 누리고 즐거워하는 것'보다 더 큰 지혜는 없다. 추구하는 것의 가치를 부정하는 것이 아니라 얻고 찾아온 물건과 사람들을 만나며 매 순간 즐거워하고 기뻐하는 것이 그만큼 소중하다는 얘기다. 그래서 위대한 전략가들은 성경의 다음과 같은 말에 깊이 아주 깊이 공감한다.

사람이 하나님의 주신 바 그 일평생에 먹고 마시며 해 아래서 수고하는 모든 수고 중에서 낙을 누리는 것이 선하고 아름다움을 내가 보았나니 이것이 그의 분복이로다. … 하나님이 해 아래서 네게 주신 모든 헛된 날에 사랑하는 아내와 함께 즐겁게 살지어다. (전도서)

## (전략 22) 바닥을 경험하라

사람들은 때로 믿을 수 없고 앞뒤가 맞지 않고 자기중심적이다.
그럼에도 불구하고 그들을 용서하라.
당신이 정직하고 솔직하면 상처받기 쉬울 것이다.
그럼에도 불구하고 정직하고 솔직하라.
당신이 몇 년을 걸려 세운 것이 하룻밤 사이에 무너질 수도 있다.
그럼에도 불구하고 다시 일으켜 세우라.
당신이 마음의 평화와 행복을 발견하면 사람들은 질투를 느낄 것이다.
그럼에도 불구하고 평화롭고 행복하라.
당신이 가진 최고의 것을 세상과 나누라. 언제나 부족해 보일지라도,
그럼에도 불구하고 최고의 것을 세상에 주어라.
(인도 캘커타 마더 테레사 본부 벽에 있는 시)


## 도 피 하 지  말 라


영화 「동방불패」의 한 장면. 화산파의 수제자인 영호충(이연걸 분)
은 강호의 위선과 다툼이 싫어 강호를 벗어나 떠돈다. 그러다 우연
히 다른 교의 교주인 임아행을 구하게 된다. 임아행은 영호충에게
함께 힘을 모아 동방불패를 물리치자고 제안하지만 영호충은 친구
에게 강호를 떠나기로 약속했다고 대답한다. 그 말을 듣고 임아행
이 영호충에게 이렇게 말한다. "그대가 바로 강호인데 어찌 강호를
떠날 수 있는가?"

3년 동안 면벽面壁하는 고행을 거쳐 득도한 선승禪僧은 함부로 저

자거리를 떠나지 않는다. 한 소식을 한 사람 즉, 도를 깨우친 사람일수록 사람과 사람이 어울려 사는 일상의 장소가 자신이 깨친 도를 시험하고 성숙시키는 장소임을 안다. 그래서 도를 얻은 그 장소, 사람과 사람이 어울려 부대끼는 그 장소가 자신을 가다듬는 최고의 장소임을 안다. 임아행이 영호충에게 '그대가 바로 강호'라고 강조한 것이 바로 이러한 맥락이다.

도피하지 마라. 그대가 환멸을 느끼고, 슬픔을 느끼고, 분노를 느끼는 그 장소가 바로 일어설 자리인데 그 장소를 떠나서 어디로 간단 말인가. 강호, 그 장소 외에 어디가 있단 말인가. 바로 그 자리에서 일어서야만 바로 서는 것이 아닌가.

땅에서 넘어진 자, 땅을 딛고 일어설 수밖에 없다. 넘어지는 것을 좋아할 필요는 없지만 넘어지는 것을 두려워해서도 안 된다. 넘어지지 않고서는 왜 땅이 그토록 가치가 있는지, 일어선다는 것이 무엇을 의미하는지 제대로 알 길이 없다.

## 피 자 의　신 화　성 신 제

나이 50에 새 사업을 시작하는 사람의 심정은 어떨까? 그것도 잘 나가던 사업을 자신의 뜻과는 관계없이 두 번이나 접은 뒤라면 그 마음이 어떨까?

성신제. 그는 1984년 피자헛의 국내 총판권을 따내 한때 전국 52 개의 점포를 경영하는 성과를 이루었다. 국내에 미국식 피자를 소개하고 히트시킨 주인공인 셈이다. 하지만 10년 뒤 피자헛과의 상표권 분쟁으로 그 사업을 접지 않을 수 없었다. 첫 번째 사업이 실패한 셈이다. 한 번의 실패는 병가지상사兵家之常事. 그 뒤 그는 독자 창업으로 '케니로저스' 라는 치킨 체인점을 운영했으나 이 역시 도산하고 만다. 1997년 외환위기 속에서 본사에서 애초 약속한 투자를 집행하지 않았기 때문이다.

두 번의 실패를 경험한 그의 나이는 50이었다. 때는 외환위기로 나라 전체가 한창 어려울 때인 1998년. 의기소침하는 것이 당연할 수도 있다. 하지만 그는 "나이 50에 쓰러진 걸 다행이라고 생각했다."며 다시 성신제 피자의 창업에 나선다. 그 업체는 현재 국내 피자업계에서 4위의 수준이지만 50의 나이에 창업한 사람으로서는 대단한 성과가 아닐 수 없다.

무풍가도를 질주한 사람과 적어도 한 번쯤 바닥에 내려간 사람은 사업과 인생을 보는 눈이 다르다. 살아가는 매 순간을 대하는 자세 또한 다르다. 어려움이라고는 모르고 살아온 사람은 자신의 현재가 얼마나 많은 사람들의 도움으로 이루어진 것인지 알지 못한다. 자신이 잘 나서 그런 거라고 착각하기도 한다. 하지만 한 번이라도 바닥을 경험한 사람은 그렇지 않다. 성신제 씨는 말한다. "매사에 감사하고 순간 순간 최선을 다하라."

사업과 삶은 굴곡이 있다. 이제 성신제 피자로 다시 일어선 그가 또 다시 실패하지 않으리란 보장은 없다. 하지만 혹 다시 사업에 실패하더라도 그가 자신의 인생에서만큼은 실패할 것 같아 보이지 않는다. 자살을 결심할 만큼 극심한 고통과 절망을 경험했기에 그 것을 어떻게 헤쳐 나갈지 그것이 무슨 의미를 지니는지 알고 있기 때문이리라. 사람만 그런 것이 아니다. 기업 또한 그렇다. 부도의 위기에서 기사회생한 기업은 무언가 다르다. 그 전과 같을 수 없다.

## 하 이 닉 스

자그마치 15조 8000억 원의 부채에 1조 이상의 적자. 1999년 부도 위기에 몰린 하이닉스의 성적표다. 이익은 커녕 적자를 내는 기업이 그것도 1조 원 이상의 적자를 내는 기업이 부채는 그 16배에 가까운 15조 8000억 원이라면 망하는 게 옳다. 하이닉스는 그런 기업이었다. 그런 성적표라면 경제논리상 계속해서 존속해야 할 이유가 없었다.

하지만 망하게 할 수도 없었다. 하이닉스가 무너지면 이 회사에 1조 원 이상씩 빌려준 은행들이 다시 부도의 위기에 몰려 국가 전체의 금융 시스템에 심각한 문제가 발생할 수 있었기 때문이다. 그러니 하이닉스는 한국 경제에 대한 일종의 협박을 통해 망하지 않을 수 있었던 셈이다.

그로부터 8년 뒤 하이닉스는 화려하게 재기했다. 2004년에 1조 6000억, 2005년에 1조8000억, 2006년에 2조 원의 당기 순이익을 올리는 회사로 변한 것이다. 반도체에 관한 한 세계 최고의 경쟁력을 가진 회사로 거듭난 것이다. 상전벽해桑田碧海란 바로 이를 두고 하는 말일 수 있다. 무엇이 이런 회생을 가능하게 했을까?

"누가 시킨 것도 아닌데 하이닉스 사람들은 '이 회사가 아니면 죽는다' 는 생각이 깔려있는 것 같아요. 요즘같이 이리저리 메뚜기처럼 조건에 맞게 회사를 옮겨다니는 시대에 이상한 근성이죠."

집이 어려워지면 천덕꾸러기가 철이 든다고 회사가 어려워지자 직원들이 철이 든 것이다. 하이닉스가 2001년부터 2003년까지 3년간 사용한 설비투자액은 약 1조4000억 원. 경쟁사인 삼성전자의 약 10%에 불과하다.

그러나 이런 적은 투자에도 불구하고 하이닉스는 '블루칩' 같은 신제품 개발을 자체적으로 이루어냈다. 말하자면 투자가 아니라 사람이 이런 기술을 만들어낸 것이다. 최근 하이닉스는 반도체 업종의 부진으로 다소 어려움을 겪고 있다. 하지만 누구도 이 기업의 가치를 의심하지 않는다.

## 혼 자 아 무 도 몰 래 울 어 라

사람은 무엇으로 사는가? 수필가 김소운 씨는 『목근통신木槿通信』이
라는 수필에서 어느 평범한 아주머니의 입을 빌어 이렇게 말한다.
"사업이 깡그리 망한 뒤 우리는 서울에서 춘천으로 왔어요. 어려웠
지요. 하지만 서울 청량리역에서 춘천으로 오는 열차에서 남편은
한 번도 내 손을 놓지 않았어요. 그 손의 따뜻한 기억이 그 뒤의 30
년 세월을 이겨낸 힘이 되었어요."

　윔블던의 결승전. 이제 서브 에이스 하나면 경기가 끝나는 상황
에서 기적적으로 경기를 반전시킨다. 그리고 우승한다. 우승을 결
정짓는 마지막 발리 혹은 리턴이 성공한 순간 그 우승자의 표정을
본 적이 있는가? 역전 우승일 경우 우승자는 대개의 경우 '뜨겁게'
운다. 그리고 그가(혹은 그녀가) 무명일 경우 그 울음은 더 진하다.
여자 테니스 선수 마리아 샤라포바는 윔블던의 우승을 통해 그 무
명의 시기를 벗어났다. 진한 울음과 함께.

　그래서 뛰어난 전략가들은, 동서고금의 철학가들은 사람 삶의
가장 중요한 모티브의 하나로 '감동'을 이야기한다. 역설적이지만
그 감동은 어떤 영역에서든 더 낮은 곳일수록 그리고 거기에서 더
높이 올라갈수록 커진다. 그러니 내려가지 않고서는 위로 오를 수
없고, 그런 경험 없이는 저 가슴 밑바닥에서 우러나오는 감동이 있

을 리 없다.

아아, 하지만 지금 아주 낮게 아주 괴롭게 넘어진 사람에게는 이런 말이 사치일 수 있다. 정말로 그렇다면 골방에 들어가 아무도 보지 못하게 울어라. 아무도 몰래 혼자 울어라. 그 울음이 당신을 다시 강호로 나오게 할 때까지.

## 전략 23 가슴으로 끌어안아라

인간이라는 존재는 여인숙과 같다. / 매일 아침 새로운 손님이 도착한다.
기쁨, 절망, 슬픔 / 그리고 약간의 순간적 깨달음 등이
예기치 않은 방문객처럼 찾아온다.
그 모두를 환영하고 맞아들이라. / 설령 그들이 슬픔의 군중이어서
그대의 집을 난폭하게 쓸어가 버리고 / 가구들을 몽땅 내가더라도.
그렇다 해도 각각의 손님을 존중하라. / 그들은 어떤 새로운 기쁨을 주기 위해
그대를 청소하는 것인지도 모르니까 (잘랄루딘 루미)

## 오 토 다 케   히 로 타 다

"이 팔다리 없는 놈아." 태어날 때부터 팔다리가 없었던 오토다케가 친구들과 유쾌하게 놀던 중 친구 한 명이 화가 나 그에게 이런 말을 내뱉었다. 어떤 일이 벌어졌을까? 누군가가 자신의 약점을 지적하면, 예컨대 머리카락이 없거나 체중이 많이 나가는 것을 놀리면 결코 유쾌한 기분이 될 수 없다. 한바탕 싸움이 벌어질 수도 있다. 팔다리가 없다고 놀리는 것은 단순히 약점을 지적하는 것을 넘어 명백한 인격 모독이다. 그러니 큰 싸움이 벌어지더라도 전혀 이상할 것이 없다. 하지만 오토다케는 한 마디 말로써 이 싸움의 성격을 바꾸어 버렸다. "이 팔다리 있는 놈아."

오토다케. 그를 두고 장애를 극복한 사람이니, 마음의 장애가 없는 사람이니 하고 평하는 것은 우스운 일이다. 그를 있는 그대로 보기에 앞서 '장애'라는 사실로 우리와 그를 구분하기 때문이다. 진정 그에게서 보아야 할 것은 그의 평화롭고 행복한 얼굴이다. 교사로서 강단에 설 때뿐 아니라 전동 휠체어를 타고 거리를 다닐 때도 그의 얼굴은 지극히 평화롭다. 사람들과 이야기를 나누며 웃음을 지을 때는 매력적이기까지 하다. 우리들 가운데 누가 그 이상으로 아니 최소한 그와 같은 정도라도 행복한 사람이 있는가? 매일 만나는 급우, 직장 동료 혹은 지인들 가운데 그런 행복한 얼굴을 하고 살아가는 사람이 있는가?

팔다리가 없으면 불편하다. 아니 상상할 수 없을 정도로 끔찍하다. 오토다케, 그의 훌륭한 점은 이 불편함과 이에 따른 마음의 상처를 온 몸과 마음으로 껴안아 그것을 뛰어넘었다는 것에 있다. 불편함에 집중하면 집중할수록 불편함은 더 커진다. 세상의 모든 것이 불편함이라는 프리즘을 통해 보이기 때문이다. 불편함을 객관화하여 거리를 두고 바라본다 해도 불편함은 사라지지 않는다. 단지, 불편함에 따른 마음의 상처를 약화시킬 수 있을 뿐이다. 불편함과 그에 따른 고통은 그것을 온 몸과 마음으로 껴안을 때만 사라질 수 있다.

숨 쉬는 것과 같이 일상의 일부로 생각해야만, 보고 듣는 것과 같

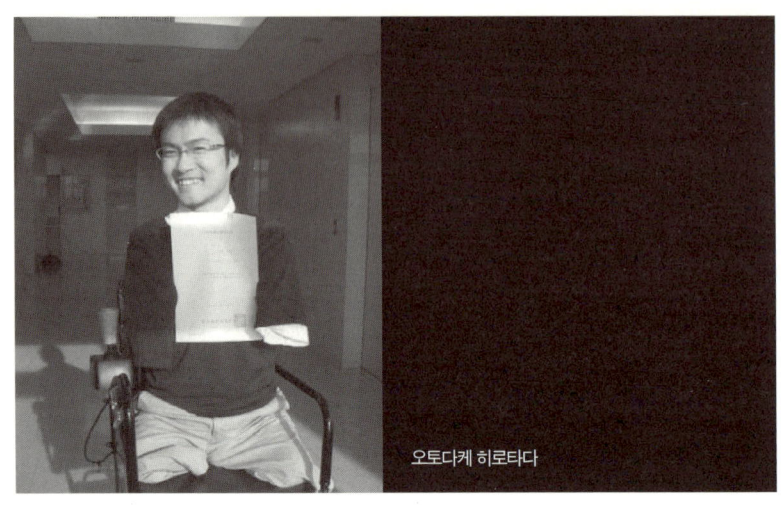

오토다케 히로타다

이 자연스러운 생활의 일부로 받아들여야만 아무 것도 아닌 것이
될 수 있다. 그래야만 새로운 세상이 열린다.

## 대 가 없 이 돈 벌 생 각 마 라

4년 전 한 증권사 지점에서 있었던 일이다. 두 사람이 퇴직금 2억 원을 들고 그
증권사 지점을 찾아왔다. 각각 교사와 군인에서 정년퇴임한 후 노후에 대비하
기 위한 방법으로 은행이 아닌 증권사를 찾은 것이다. 예금이 아닌 주식을 택한
것부터가 심상치 않았다. … 두 사람은 한결같이 "단기투자는 절대 아니다. 배
당만 어느 정도 받을 수 있다면 만족한다."고 했고 담당 영업직원은 당시 액면
가를 겨우 웃돌던 증권주를 추천했다. 이들의 평가액은 현재(2007년 6월) 12억
원을 넘는다. 수익률 외에도 이들은 배당금만으로 해마다 수천만 원을 벌고 있
다. (『머니투데이』에서 인용)

2억 원이 12억 원으로. 신문에서는 주식시장에서 나름대로 성공한 두 사람의 이야기를 담담히 전하고 있었다. 흔히 볼 수 있는 성공담일까? 그렇지 않다. 기사가 나오기 4년 전이라면 2003년 무렵이고, 서울과 수도권의 부동산이 하늘 높은 줄 모르고 오르기 시작할 때다. 그런데도 이 두 사람은 부동산 대신 주식을 택했다. 시중의 어느 전문가도 퇴직금 전부를 주식에 투자하는 것에 찬성하지 않으리라. 하지만 그들은 '스스로' 그렇게 했다.

　지난 4년간 주식은 계속해서 올랐을까? 그렇지 않다. 부동산이 폭등할 때 주식은 박스권을 헤매고 있었고, 당연히 두 사람은 손해를 보고 있었을 것이다. 손해를 보고서라도 주식을 팔고 한창 오르던 수도권 부동산에 투자하는 편이 현명했을 수도 있었다. 하지만 그렇게 하지 않았다. 주식이 더 떨어질지 모른다는 불안감, 부동산의 수익률과 비교한 상대적 박탈감, 그래서 자신의 노후가 어렵게 될지 모른다는 두려움, 그 모든 것을 몸과 마음으로 껴안았다. 그 상태에서 주식을 계속 가지고 있었고, 그래서 이런 수익이 가능할 수 있었다.

　누구의 어떤 성공담이건 함부로 대해서는 안 된다. 우리가 보는 것은 그 결과뿐인 경우가 많다. 그 과정에서 그들이 어느 정도 공부를 하고, 어느 정도 피와 땀을 바치고, 어느 정도 불확실과 두려움을 껴안았는지는 보지 않는다. 남의 일로 가볍게 생각한다. 그래서 자신의 결정에 따르는 모든 감정적 비감정적 요인들을 껴안을 각오가 되어있지 않다면 어떤 종류의 성공이라도 쉽게 찾아오지 않는다. 하지만 그렇게 모든 것을 껴안을 수 있는 사람이 얼마나 될까.

## 명 량 해 전

1597년 정유재란. 모함을 당한 이순신은 모든 수군을 원균에게 물려준다. 하지만 원균은 그해 7월 일본의 유인 전술에 빠져 거의 모든 수군을 거제 칠천량漆川梁에서 잃어버리고 만다. 이순신이 힘써 길러온 무적함대는 형적조차 찾아볼 수 없게 되었고, 한산도의 군비는 그 형체를 알아볼 수 없게 되었다. 허망한 일이다.

우여곡절 끝에 다시 통제사에 임용된 그는 남해 등지를 두루 살폈으나 남은 군사 120인에 병선 12척이 고작이었다. 같은 해 8월 15일, 채 군세를 정비하지도 않았는데 왜군이 다시 쳐들어온다. 133척의 대군이다. 이 날, 이순신은 불과 12척의 전선으로 133척의 적군과 대결하여 31척을 부수는 큰 전과를 올린다. 이 전투가 바로 명량해전이다. 그 전날 밤. 그가 천지신명께 올린 기도는 다음과 같다. "(천지신명이시여) 이제 신에게 남은 것은 12척의 병선뿐입니다. 적은 10배 이상입니다. 오직 두려워하지 않고 저에게 이 적군을 물리칠 힘을 주십시오."

12 대 133. 이기고 난 뒤의 성과를 보며 이순신을 영웅으로 치켜올리는 것은 어려운 일이 아니다. 하지만 전혀 가능성이 없어 보이는 상태에서 그 어려움을 극복하고 불안감과 왜소감을 떨쳐버리고 불가능하게 보이는 일을 가능하게 하는 것은 아무나 할 수 있는 일이 아니다. 이순신의 진정한 위대함은 그 성과가 아니라, 그 성과가 있게끔 모든 것을 껴안은 그 인간됨의 폭과 깊이에 있다.

## 곤 경 에   처 했 지 만   형 통 하 다

살아감은 매 순간 새로운 사건과 일을 접함을 의미한다. 하지만 동일한 사건과 일이 모든 사람에게 동일한 결과를 가져오지는 않는다. 받아들이는 사람의 자세 혹은 인식에 따라 결과는 하늘과 땅처럼 달라질 수 있기 때문이다. 어느 사람에게는 경제적 파산이 인생의 종말을 뜻하지만 어느 사람에게는 그것이 새로운 삶의 시작일 수 있다. 하지만 그렇게 되기 위해서는 사건과 일에 수반되는 모든 고통, 괴로움, 불안감을 온몸으로 받아들이는 능동성이 필요하다.

그 능동성은 '껴안으라' 는 말로 집약된다. 회피하지 말고, 단순히 객관화하지 말고, 그것을 껴안으라. 자신의 것으로, 자신의 일부로 만들라는 말이다. 모든 것이 자신의 일부가 된다면 그런 감정들에, 그런 부정적인 사건들에 휘둘리지 않는다. 대 전략가들은 이러

한 마음의 상태를 곤경을 상징하는 주역의 곤困괘에 비유하여 다음
과 같이 말한다.

"곤경에 처했지만 형통하다. 올바르고 곧은 뜻을 굳게 지켜 나가
되 편협해서는 안 된다. 그러니 포용력 있는 대인처럼 모든 것을 받
아들이는 도량을 발휘해야 길하고 허물이 없다."

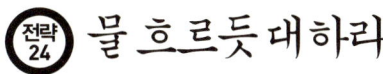

# 물 흐르듯 대하라

> 나는 그 누구와도 싸우지 않았다.
> 싸울만한 가치가 있는 상대가 없었기에.
> 자연을 사랑했고, 자연 다음으로는 예술을 사랑했다.
> 나는 삶의 불 앞에서 두 손을 쬐었다.
> 이제 그 불길 가라앉으니 나 떠날 준비가 되었다.
> (월터 새비지 렌더)

## 감 정 에  대 처 하 는  법

자신의 인생에서 성공하기를 바라지 않는 사람은 없다. 하지만 누구나 아는 바와 같이 삶의 굽이굽이에는 다양한 암초가 도사리고 있기 마련이고, 그래서 일직선처럼 성공만을 향해 가는 삶은 없다. 일시적인 좌절과 고뇌, 작은 성취와 기쁨, 수용과 거절, 더 나아가 일상에 대한 만족과 실망에 이르기까지 무수한 일들이 가로놓여 있다.

자신의 삶을 성공이라는 단어로 채색하고 싶어하는 사람이라면 이런 다양한 경험과 감정의 굴곡에 어떻게 대처해야 하는지 제대로 알 필요가 있다. 다시 말해 자신이 경험하는 다양한 감정들을 어떻게 다스리는지 혹은 어떻게 협상해야 하는지 그 방법을 알아야 한다. 성공은 그런 다양한 감정들을 효과적으로 협상하는 사이사이에 하나씩 이루어지기 때문이다. 하지만 그런 방법이 과연 있을까?

## 정 주 영

익히 알려진 일화 하나. 1971년, 정주영 회장은 울산에 조선소를 짓기 위해 영국 버클레이 은행에 돈을 빌리러 갔다. 버클레이 은행 중역은 아시아의 작은 나라에서 온 이 사업가가 25만 톤의 배를 건조하겠다는 것이 도무지 믿기지 않아서 물어본다. "25만 톤 급 배를 만들어본 경험이 있습니까?"

이런 질문에 YES나 NO의 답변이 나온다면 그것은 싱겁기 짝이 없다. 하지만 25만 톤 급 배를 만들어본 경험이 없으니 정확히 말하자면 "NO."라고 대답해야 한다. 정회장은 어떻게 했을까? 당시 사용되던 거북선이 새겨진 500원짜리 지폐 하나를 내밀며 말했다. "이게 16세기에 우리나라가 만든 철갑선이다. 당신네 나라는 19세기에 처음으로 강선鋼船을 만들었지만 우리나라는 16세기에 벌써 이런 배를 만들었다." 버클레이 은행 중역의 반응은 더 말할 필요가 없다.

혹자는 이런 정 회장의 대응을 센스, 순발력, 배짱 등으로 표현한다. 틀린 말이 아니다. 외형적으로는 충분히 그렇게 평가할 수 있다. 하지만 정 회장의 무슨 정신적 특성 혹은 개성이 이런 센스, 순발력, 배짱을 가능하게 했을까? 그것은 다름 아닌 어떤 일이 일어나건 그 일을 있는 그대로 보는, 나아가 거리를 두고 그 일을 대할 수 있는 '집착하지 않음'에 있다. 거리를 두니 일과 사물이 제 모습 그대로 보이고, 그러니 그 일과 사물을 순발력 있게 비트는 공상과도 같은 일이 가능하다는 것이다.

정 회장의 이런 정신적 특성은 울산에 조선소를 짓는 과정에서도 여지없이 발휘된다. 외국에서 돈을 빌려와 조선소를 지으며 배를 만들어 나가는 기상천외의 사업을 하니 실수가 없을 리 없다. 그러다 배의 기관실 블럭이 조선소 도크로 떨어지는 사고가 발생한다. 당시 우리나라에서 제일 큰 중량물이 10미터 이상의 높이에서 떨어진 대형 사고였다.

담당자들은 모두 사표를 내고 숨어버렸다. 돈을 빌려와 조선소를 짓는 마당에 이런 큰 사고가 났으니 이만저만 낭패가 아니었다. 기관실 블록을 새로 만들 시간이 없으니 꼼짝없이 계약 위반이 될 가능성이 높아졌다. 하지만 정 회장은 이런 사고가 났을 때도 감정의 패닉에 빠지지 않고 말한다. "누구나 실수한다. 중요한 것은 실수했다고 포기하지 않는 것이다. 값비싼 희생을 치른 것으로 생각하고 빨리 정상 복귀하도록 하자." 직원들의 반응은 어땠을까? 엉

엉 우는 사람도 있었다.

## 네　감정과　협상하라

'큰 일'은 그것보다 '더 큰 일'이 있으면 작은 일이 되고, 아무리 작
은 일이라도 그것보다 더 작은 일이 있으며 큰 일이 된다. 계약 위
반? 부도? 결코 작은 일이 아니다. 하지만 아직 일어나지 않은 일이
다. 기관실 블록 추락. 일어난 일은 어찌할 수 없다. 실수를 한 직원
들을 다그쳐 화풀이를 하는 대신 다시 시작하도록 독려하는 편이
훨씬 낫다. '감정의 패닉? 그건 나에게는 있을 수 없는 사치다.' 사
고 소식을 들은 정 회장은 순간적으로 이런 생각을 한 것이 아닐까.

　감정과 협상을 해야 한다. 그게 성공의 조건이다. 숙련된 협상가
는 협상의 상대방이 다양한 전략으로 자신의 평정심을 깨뜨리려
해도 절대 넘어가지 않는다. 상대방의 의도에 굴복하는 순간 협상
의 주도권이 상대방에게로 넘어가기 때문이다. 협상의 상대방이
어떤 전술과 전략을 사용하더라도 자신의 협상 목표에 초점을 맞
추고 흔들리지 않는다. 총을 자기 머리에 대더라도 단호하게
"NO!"라고 한다. 블러핑임을 알 수 있기 때문이다. 그래서 감정과
협상해야 한다는 것은 자신의 내부에서 일어나는 감정에 대해서
그것이 자신의 목표를 달성하는 데 부합하지 않으면 NO라고 할 줄

알아야 한다는 것을 말한다.

화가 나는가? 화에 대하여 단호히 NO라고 하라. 사랑스러워 죽겠는가? 그 사랑이 서글픈 슬픔이 되기 전에 안녕이라고 하라. 공포와 두려움이 자기를 사로잡으려 하는가? 그 허깨비에 속지 않는다고 말하라. 더 근본적으로는 자신의 내부에서 감정이 일어나게만드는 외부의 요인에 대해서 NO라고 할 줄 알아야 한다. 명심하라. 세상의 어떤 사건과 사물도, 당신이 스스로 허락하지 않는 한,당신의 가슴에 어떤 종류의 감정이나 파문도 만들 수 없다.

## 워 렌 버 핏

오마하의 현인賢人. 지난 50년간 미국의 주가는 계속해서 요동을 쳤지만 워렌 버핏은 주식에 투자하여 한 번도 돈을 잃지 않았다. 수많은 투자 전문가들이 최신 투자기법에 마음을 뺏길 때도 '저평가된 주식에 투자하라. 그리고 그 주식이 제 가치를 찾을 때까지 기다려라' 라는 자신의 원칙을 잃지 않았다. 출렁이는 주가에 많은 사람들이 일희일비할 때 그는 오히려 소문나지 않게 수십억 달러를 벌어들였다. 주식투자는 주가를 사는 것이 아니라 기업을 사는 것이라며 기업의 내재가치를 평가하여 저평가된 기업의 주식만을 사들였다. 오늘날 가치투자라고 말하는 투자방법의 원조다.

워렌 버핏

어떻게 이런 일이 가능할 수 있었을까? 경영학의 재무론적 관점에서는 다양한 설명이 가능할 수 있다. 하지만 내가 주목하는 것은 그의 다음과 같은 말이다. "나는 한 번 주식을 사면 자주 시세를 보지 않는다. 내가 오마하에 살고 있다는 것이 오히려 나에게는 다행스럽다." 그는 실제로 주식을 사고 난 뒤에 칩거하기도 했다. 가능한 한 연락하지 말라고 하면서 말이다.

주식 투자를 해 본 사람이라면 안다. 전광판이나 모니터의 시세가 변함에 따라 자신의 기분과 감정이 어떻게 요동치는가를. 오르면 계속 오를 것 같아 부화뇌동하고, 내리면 계속 내릴 것 같아 매도를 거듭한다. 그러면 결국 남는 것은 깡통뿐이다. 하지만 워렌 버핏에게는 시세가 단지 숫자의 오르내림에 불과했다. 그래서 시세에 관심을 가지지 않았고 혹 자신이 그런 시세에 흔들릴까봐 증권시장이 있는 뉴욕과 물리적 거리를 두기도 한 것이다.

## 응 무 소 주

'자신에게 일어나는 모든 일에 적절히 대응하되 거기에 머무는 바가 없다.' 금강경金剛經에 나오는 말이다. 본래 이 말은 마음의 변화란 의미 없는 것이니 외부의 자극에 쓸데없이 반응할 필요가 없다는 의미를 담고 있다.

하지만 '물 흐르듯 대하라' 라는 전략을 이 말 이상으로 잘 표현할 수는 없다. 자신에게 일어나는, 자신에게 다가오는 모든 일들을 없는 일로 할 수는 없다. 살아가다보면 좋은 일뿐만 아니라 싫은 일도 해야 한다. 그 모든 일에 어떤 식으로든 대응하지 않을 수 없다. 하지만 그 대응에서 어떠한 흔적도 자취도 자신에게 남기지 않아야 한다. 머무는 바가 없어야 한다는 것이다.

머무는 바가 없다는 것. 그것은 집착하지 않음의 다른 표현이다. 그러니 세상은 한 편의 역설이다. 머무르지 않고 집착하지 않으면 오히려 자신이 원하는 바를 더 잘 달성할 수 있다니. 협상이론은 그 역설을 정확히 한 문장으로 표현한다. '무슨 일에건 목숨을 걸면 좋은 협상을 할 수 없다Necessity does not make a good bargain'.

## ⓵ NO라고 말하라

> 미국사회에서는 식사를 마치고 나오는 사람에게 어떠한 질문을 던지느냐에 따라 그 질문자가 속한 사회적 계층을 구분할 수 있다. 만약 그가 "배불리 먹었니?"라고 묻는다면 그는 저소득층이다. "맛있게 먹었니?' 하고 묻는다면 중산층이다. 하지만 상류층은 그렇게 묻지 않는다. 그들은 "차려진 음식이 보기 좋게 나왔니?"라고 묻는다.(「시사저널」에 실린 루비페인 박사의 말 중에서)

## 탐 욕 과    시 장

> 부산지방경찰청 광역수사대는 연리 518%의 고리를 뜯은 혐의(대부업의 등록 및 금융이용자 보호에 관한 법률 위반 등)로 사채업자 유모(41) 씨에 대해 구속 영장을 신청하고, 배모 (35)씨 등 직원 2명을 불구속 입건했다. 경찰에 따르면 유씨 등은 … 20여 명에게 연리 518%의 고리로 5억여 원을 빌려주고 수천만 원의 부당이득을 챙긴 혐의다. (「국제신문」에서 인용)

자본주의 시장경제를 움직이는 가장 큰 원동력은 탐욕이다. 경제학에서는 그것을 만족 혹은 효용이라는 애매모호한 단어로 표현한다. 하지만 각 경제 주체가 자기가 원하는 것을 열심히 얻으려고 노력하는 그 행위가 바로 자본주의의 원동력임은 틀림없다. 아담 스미스는 그 결과 '보이지 않는 손'이 작동하여 시장이 효율적으로 움직인다고 말한다. 518%. 하지만 자본주의 사회에서는 이런 어처구니없는 고율의 사채이자가 개인 간의 거래에 발생하기도 한다. 탐욕 없이는 발생할 수 없는 일이다.

기업은 어떨까? 경제학에서는 기업의 근본 목적이 이윤 추구에 있다고 가르친다. 사회적 공익 혹은 다른 이유를 거론하기도 하지만 기업으로서는 이윤, 다시 말해 '더 많은 돈을 버는 것' 이상의 목적은 없다.

주식시장에서 각 분기별 기업의 이윤이 발표될 때마다 해당 기업의 주가가 출렁이는 것이 바로 이 사실을 증명한다. 기업의 이윤 추구가 합리적인 한 아무도 이의를 제기할 수 없다. 하지만 이윤 추구가 탐욕으로 변할 때 '보이지 않는 손'은 시장의 효율성 대신 시장의 횡포로 바뀐다.

자본주의 시장경제에서 살아가는 한 이 시장을 움직이는 탐욕에 적절히 대응해야 한다. 그러지 못하면 누구도 자신의 소득과 부를 원하는 대로 늘릴 수 없다. 중산층에 진입하고자 하는 소시민의 꿈이 정말 꿈 자체로 그칠 수 있다. 그래서 이 시장의 탐욕에 대응하는 전략적 방법이 성공 인생을 위한 출발점이다.

# 순 진 함 을  버 려 라

부산 남구 S아파트 계약자들은 아파트 시행사인 M사와 시공사인 S사가 과장된
분양광고를 해 피해를 입게 됐다며 분양계약취소와 손해배상 소송을 하겠다고
밝혔다. … 부산의 L아파트 신규 입주민은 아파트 최상층에만 별도로 설치된 다
락방이 분양광고 내용과 다르다는 이유로 시공사인 L건설을 공정위에 고발했
다. … 부산에서 신규 아파트 입주자와 입주예정자들이 분양광고가 과장됐다고
호소하는 사례가 늘고 있어 공정거래위원회가 조사를 벌이고 있다. (「국제신문」
에서 인용)

자본주의 사회에서 기업과 계약을 맺는 소비자는 갑甲이 아닌 을乙
의 위치에 서게 된다. 사소한 물품 하나를 구입할 때부터 거액의 아
파트 분양계약에 이르기까지 소비자는 이미 일방적으로 결정하고
인쇄한 계약서에 '울며 겨자 먹기' 식으로 서명하지 않을 수 없다.
분양계약서에 서명하기 전까지 기업은 소비자를 VIP로 대접한다.
하지만 서명하는 순간, 소비자는 천덕꾸러기로 전락하고 만다. 누
가 잡아 놓은 고기에 미끼를 주겠는가?

　설마 그럴리야. 만약 이런 반응이 나온다면 그는 마음속의 순진
함을 버려야 한다. 그렇게 당하고도 아직 정신을 못 차리는가. 선의
가 선의로 해석되지 않고 악용된다면 그리고 그 경험이 반복된다
면 아무런 대책 없이 그 선의를 무한히 내보내는 사람이 잘못일 수
있다. 왜 자신이 가지고 있는 능력을, 권리를 주장하지 않는가? 당

신이 다른 사람으로부터 "정말 착한 사람이야."라는 말을 듣는다면 한 번 자신을 돌이켜 볼 필요가 있다. 혹시 이 탐욕이 가득한 사회에서 '내 권리를 포기할 테니 그냥 내 것을 가져가시오'라는 방식으로 살고 있는 것은 아닌가 하고 말이다.

하지만 명심해야 한다. 이런 말이 상대방을 적으로 대하고, 상대방을 의심의 눈초리로 바라보라는 의미는 아니다. 그건 전략적 협상의 기초도 모르는 사람이다.

상대방의 모든 악의와 교활함을 하늘같은 마음으로 감싸 안을 도인이 아니라면 상대방의 탐욕과 교활함에 대하여 단호히 NO라고 할 줄 알아야 한다. 그것이 혼자 힘으로 대항하기 힘든 거대한 조직이라면 더욱 그렇다. 시공사와 시행사를 상대로 이의를 제기한 사람들, 그들은 무작정 순진하지만은 않은 제대로 된 사람들이다.

## 전 태 일 의   어 머 니   이 소 선

내가 많이 배우고 경험이 많은 사람도 아니고. 나야 뭐 내 아들이 소외받고 힘없는 사람들을 위해 죽었으니까, 대신에 투쟁하고 그렇게 살아왔지만. … 세상에 사는 것이 다 힘들어. 공부하는 것도 힘들고, 일하기도 힘들고. 그렇게 사는 것이 힘들어도 자신을 잘 지키라고 당부하고 싶어. 내가 힘들어서 내 양심을 저버리지 않는가, 내가 힘들다고 남에게 누를 끼치지 않는가, 내가 지쳐서 사랑해야 할 사람을 사랑하지 못하지는 않는가 …힘들어도 자기를 잘 지켜야지. 자신을

잘 지키지 않으면 아무 것도 못해. (전태일의 어머니 이소선 여사의 말을 인용)

"근로기준법을 준수하라, 우리는 기계가 아니다." 라고 외치며 자신의 목숨을 내던진 전태일. 그의 어머니 이소선 여사는 41세의 나이에 아들을 가슴에 묻었다. 그로부터 33년 뒤에 이소선 여사는 위와 같은 감회를 피력했다.

　나는 여기서 민주화, 근로기준법, 평화시장, 분신자살 그런 이야기를 하려는 게 아니다. 아들의 유지遺志를 이어 30년 이상을 노동운동에 몸바쳐온 한 여인의 노동운동 경험을 이야기하려는 것도 아니다. 그보다는 그 모든 경험의 밑에 가로놓여 있는 기본적인 자세, 30년 이상의 노동운동이 내포하는 그 의미를 말하고 싶은 것이다. 그의 말을 빌리면 그것은 '자신을 잘 지키라' 는 것이다. 탐욕으로부터, 횡포로부터, 불합리한 억압으로부터 말이다.

　험한 세상이라고 한다. 조용히 살면 험하지 않다고도 한다. 어느 것이 맞을까. 하지만 이 자본주의 시장경제에서 최소한 중산층 이상을 목표로 살아간다면 탐욕과 교활함이 우글거리는 이 정글을 헤쳐 나갈 마음의 준비를 해야 한다. 그렇지 않다면 라면으로 세 끼를 때우는 것에 만족할 수밖에 없다. 아니면 매주 로또라도 사서 토요일 밤의 발표를 기다리는 것이 낫다. 하지만 그 로또 역시 이 자본주의 사회가 낳은 탐욕의 산물일 뿐이다. 그러니 자신을 잘 지키는 것, 그것이 비록 수동적인 인생의 자세를 내포한다 할지라도, 성공적인 인생을 시작하기 위한 참으로 귀중한 마음의 자세가 아닐 수 없다.

## 두 종류의 착함

성선설과 성악설. 어느 것이 옳을까? 전자에 기울고 싶지만 자본주의 시장경제의 경험은 이기와 탐욕에 기초한 후자가 더 옳을 수도 있다고 말한다. 하지만 인생의 다양한 전투를 경험한 대 전략가들은 이렇게 말한다. "그럼에도 불구하고 착한 사람이 되어라." 무슨 말일까?

이들이 말하는 착한 사람은 기업이나 정부와 같은 거대조직의 횡포와 교활함에 자신을 그대로 내어주는 무능력하고 무기력한 사람이 아니다. 그들과 맞서 싸우고, 맞서 싸울 힘을 가지지 못한 자를 돕고, 조금이라도 이 세상을 좋은 세상으로 만들려고 노력한 뒤, 세상의 맵고 짠 맛을 다 맛본 뒤, 자신의 삶의 근원에서 착함 그 자체의 가치를 이해한 뒤 '그럼에도 불구하고' 택하게 되는 착함을 의미한다.

그러니 그들의 착함은 갓난아기의 천진무구함이 아니라, 악함과 교활함의 허망함과 거기에 빠져있는 개인과 조직에 대한 연민에서 우러나오는 착함이다. 다시 말하면 몰라서가 아니라 다 알면서도 자신을 내어주는 그 마음 자세를 의미한다. 그러므로 여기서 말하는 착함은 탐욕에 NO하지 못하는 착함이 아니라, 오히려 탐욕에 NO하는 경험을 통해 체득한 착함을 의미한다. 세상의 이치를 아는 착함이다.

무술의 대가는 상대방이 아무 것도 모르고 대들 때 웃으며 피한다. 결코 상대하지 않는다. 심지어 몇 대를 얻어맞더라도 맞상대를 하지 않는다. 맞상대를 한다면 상대가 다칠 것을 알기 때문이다. 도를 깨우친 사람은 저자거리에서 결코 '도가 이러니 저러니' 하고 말하지 않는다. 그냥 묵묵히 배고프면 먹고, 피곤하면 쉬고, 잠이 오면 잘 뿐이다. 말로써 도를 설명하려는 사람의 말을 그대로 묵묵히 들을 따름이다.

너무 어려운가. 탐욕에 NO라고 말하도록 하면서 왜 착함을 이야기하는가? 탐욕에 NO하는 과정을 통해 우리가 추구하는 것이 바로 그 '착함' 자체이기 때문이다. 하지만 이해하기 어렵다면 차라리 이렇게 말하자. "착한 '척' 하지 말고('척' 하는 것은 그럴 만한 힘과 역량이 없기 때문이다) 정말 착함 그 자체를 지향할 수 있도록 이 자본주의 사회에서 성공이라도 하라."

 마음의 흔적을 없애라

> 속이 빈 조롱박을 물에 띄워놓고 톡 건드리면 한 쪽으로 미끄러지게 마련이다. 그
> 대가 아무리 애써 보아도 조롱박은 한 곳에 머물지 않는다. 궁극의 경지에 다다른
> 사람의 마음은 어떤 것에도 머물지 않는다. 그러한 마음은 물에 띄워 놓고 이리저
> 리 떼밀리는 속이 빈 조롱박과도 같다. (일본 다쿠안 선사(禪師))

## 테 드   윌 리 엄 스

세계 최고 수준을 자랑하는 미 프로야구에서 최우수선수 2회, 타격
3관왕 2회를 달성한 선수. '꿈의 타율'로 불리는 4할 고지를 마지
막으로 점령한 선수. 그리하여 1940~50년대 미국 프로야구를 풍미
한 선수. 조금이라도 야구를 아는 사람이라면 타격 3관왕이 얼마나
달성하기 어려운 것인지, 4할의 타율이 어느 정도의 능력이 있어야
달성할 수 있는 것인지 잘 안다. 정말 대단한 성적이 아닐 수 없다.

그래서 그의 이런 실적에 대해 동료나 후진들이 '역사상 최고의
타자'라고 극찬해도 조금도 과장이 아니리라. 그의 이런 성적이 더
돋보이는 것은 두 차례의 참전(제2차 세계대전, 한국전쟁)으로 거

의 다섯 시즌동안 메이저리그를 떠나 있었지만 그 실력이 녹슬지 않았기 때문이다. 실제 그는 전투기 조종사로 한국전쟁에 참여했던 약 2년간의 메이저리그 공백 뒤에도 누구 못지 않은 기량을 보여줬다.

그런 테드 윌리엄스는 타석에 들어설 때 남들이 가지지 못한 습관 하나를 가지고 있었다. 타석에 들어서는 순간 그 이전 타석에서의 결과를 모두 잊어버리는 것이다. 홈런을 쳤든, 삼진을 당했든, 안타를 쳤든 현재의 타석에서는 그 이전의 결과를 조그만 흔적 하나 남기지 않고 없애버리는 것. 그래서 현재의 타석에서 상대 투수가 던지는 공 하나하나에 자신의 전 존재를 몰입시키는 것. 그것이 바로 그가 기록한 탁월한 성적의 비결이었다. 마음을 과거나 미래에 두지 않고 바로 지금 이 자리 이 순간에 두는 것. 과거의 실패에 마음 아파하지 않고, 과거의 성공에 으쓱대지 않고, 그 모든 흔적을 지워버리고 바로 지금 이 순간에, 자신이 해야 할 일에 가지고 있는 모든 것을 쏟아 붓는 것.

이렇게 말하면 다음과 같은 질문이 반드시 뒤따른다. 현재의 순간에만 몰두하면 미래를 향한 장기 계획을 어떻게 세울 수 있느냐고. 테드 윌리엄스의 말을 통해 답변한다. "사람에게는 그 날의 목표, 그리고 인생의 목표가 있어야 한다A man has to have goals-for a day, and for a lifetime."

사람은 집중하고 몰두하는 순간순간의 목표를 제대로 달성하는 것을 통해 인생의 목표를 달성해 나간다. 작은 것에 소홀하면 결코 큰 것을 이룰 수 없다.

## 왕 안 석

북송宋의 왕안석王安石. 1070년, 나이 50의 왕안석은 일국의 재상으로서 황제의 지지를 업고 전국적인 개혁을 실시하기 시작한다. 이 개혁은 '천지개벽의 변화' 라고 말할 정도로 경제, 재정, 군사 등 사회의 모든 영역을 바꾸는 것이었다. 청묘법, 시역법, 모역법, 보갑법, 보마법. 이것이 그 유명한 '왕안석 변법' 이다. 하지만 이 변법에 대한 후세의 평가는 그리 너그럽지 못하다. 그가 의도한 개혁이 소기의 성과를 달성하지 못했기 때문이다. 개혁 자체가 그만큼 어렵다는 것을 반증하는 것이리라.

후세의 전략가들은 왕안석을 훌륭한 대정치가로 평가한다. 그러면서도 그에 대해 하나의 유보를 다는 것을 잊지 않는다. 그는 '지지지지知至至之(때가 오는 것을 알아 행하는 것)' 할 수 없었다는 것이다. 자신의 탁월한 능력과 식견으로 개혁을 하기 위해서는 때가 무르익기를 기다리고, 그 때가 올 때를 기다려야 했는데 그러지 못했다는 것이다. 성급했다는 것이다. 자신의 능력과 실력에 눈이 어

두려, 아니면 자신의 과욕과 과신에 사로잡혀 움직이지 말아야 할 때, 행하지 말아야 할 때 행했다는 것이다.

동서의 고금을 막론하고 이런 예는 한 둘이 아니다. 능력 있는 사람이 어디 한둘이겠는가? 하지만 최고의 능력을 가진 사람이 최대의 성과를 거두는 것은 아니다. 때를 기다릴 수 있고, 최고의 시기를 판단할 줄 아는 사람이 역사에서, 사회에서, 기업에서, 인생에서 최대의 성과를 거둔다. 이렇게 되기 위해서는, 즉 삶과 역사의 모든 영역에서 '지지지지' 하기 위해서는 자신의 마음에 흔적이 없어야 한다. 과신, 과욕, 맹신, 조급함으로 대표되는 자취가 없어야 한다는 것이다.

또 이런 마음의 자세가 되어야 '지종종지知終終之(그 끝이 옴을 알아 끝 맺는 것)' 할 수 있다. 마음에 흔적이 없어야 물러날 때를 알고 "이만 물러나겠습니다."라고 말할 수 있다는 것이다. 자신의 시대가 오지 않았음을 깨닫고 섣불리 나서지 않는 자세. 나서서 힘써 행하더라도 떠나야 할 시기를 정확히 알고 물러서는 자세. 혹은 한평생 때를 기다리며 낚시를 하다가 열두 소쿠리의 고기만을 잡을지라도 그에 만족할 줄 아는 자세. 이게 삶을 경영하는 최고의 전략 중 하나이다.

공자는 이런 것을 이미 알고 있었던 것 같다. 그는 말한다. '발전할 때가 되면 그 시기를 놓치지 않고 발전시키며, 그만 둘 때가 되면 의리에 합당하게 그만둔다. 이 때문에 높은 지위에 있어도 교만하지 않고, 낮은 지위에 있어도 조바심을 내지 않는다.'

## 구 부 러 지 는   것

마음이 흔적에 사로잡히면 사물과 사람의 변화를 알아채지 못한다. 정해진 패턴, 결정된 규칙만을 따르다 원래 자신이 지향하던 바를 잃어버리고 만다. 이에 노자는 말한다. 구부러지면 온전하다曲則全. 곡曲은 직선과는 반대되는 곡선, 그리고 원칙과 대비되는 대안을 의미한다.

　대학입시를 앞두고 있는 고등학생 아들이 정말 공부를 열심히 하지 않는다. 대학입시가 인생의 분수령이라고 그렇게 이야기해도 마이동풍이다(이건 사실 내 자신의 이야기다). 이럴 경우 한 바탕 화를 내거나 모질게 몰아붙여 억지로 공부하게 한다면 효과가 있을까? 이건 직선이다. 차라리 방학 한 달간의 허리를 몽땅 잘라 아들과 같이 배낭여행을 간다. 그래서 온갖 대화를 통해 공부와 인생과 입시의 관계를 체득하게 한다. 그게 곡선이다.

　나이 40에는 자기 집을 마련해야 하고, 50에는 명품으로 도배할 정도의 재력을 갖추어야 하고, 60에는 우아한 기품을 자랑해야 한다. 그건 직선이다. 나이 60에 다시 제2의 인생을 생각하며 걸치고 있던 서푼 어치의 명성을 버리고 이름 없는 봉사의 길로 들어서는 것. 그건 곡선이다.

자신을 비난하는 상대방에 대해 한바탕의 말과 행동으로 되갚을 수 있으면서도 짐짓 아무렇지도 않은 척 웃어넘기는 것, 그게 진정한 곡선이다. 한 나라를, 한 사회를, 한 학교를 실질적으로 바꿀 능력과 경륜이 있더라도 그 때가 오지 않으면 차라리 집에서 아내의 빨래를 도와주며 농담 따먹기 하는 것. 그게 곡선이다. 구부러지는 것이다.

구부러짐의 의미를 온전히 이해하고 체득하기 위해서는 역시 마음에 흔적이 없어야 한다. 마음이 무언가에 가득 사로잡혀 있거나 과거나 미래의 허상에 집착해 있다면 결코 구부러질 수 없다. 구부러질 수 없으면 부러진다.

## 마 음 의   우 물

마음에 흔적이 없다는 것은 마음 한 가운데 마르지 않는 우물을 가지고 있는 것과 같다. 우물에는 항상 물이 있고 그 물은 마르지 않는다. 게다가 그 물은 차디차서 정신을 번쩍 들게 한다. 세상살이의 다른 무엇으로 대신할 수 없는 자신만의 변함없는 근원이다. 그래서 우리 옛 성현들은 종종 자신의 생활 거처에 우물을 파거나 우물을 연상케 하는 당호를 붙여왔다. 다산초당의 약천藥泉, 경복궁의 향원지가 그것이다.

맹자는 이 모든 것을 견주어 이렇게 말한다. '근원의 샘물은 솟아올라 밤낮으로 그치지 아니하여, 팬 구덩이에 가득 찬 뒤 앞으로 나아가서 사해四海에 이른다. 근본이 있는 것은 이와 같다.'

# ⓵ 세상과 거리를 둬라

> 나무 한 그루의 가려진 부피와 드러난 부분이 / 서로 다를 듯 맞먹을 적에
> 내가 네게로 갔다 오는 거리와 / 네가 내게로 왔다 가는 거리는
> 같을 듯 같지 않다.
> 하늘만한 바다 넓이와 바다만큼 깊은 하늘 빛이 / 나란히 문 안에 들어서면
> 서로의 바람은 곧잘 눈이 맞는다.
> 그러나 흔히는 내가 너를 향했다가 돌아오는 시간과
> 네가 내게 머물렀다 떠나가는 시간이 / 조금씩 비껴가는 탓으로
> 우리는 때 없이 송두리째 흔들리곤 한다.
> 꽃과 꽃처럼 아름다운 사람은 / 눈 앞에 있을 때 굳이 멀리 두고 보듯 보아야 하고
> 멀리 있을 때 애써 눈 앞에 두고 보듯 보아야 한다.
> 누구나 날 때와 죽을 때를 달리하는 까닭에
> 꽃과 꽃처럼 아름다운 이에게 가는 길은 / 참으로 이 길밖에 딴 길이 없다.
> (류시화의 '사람과의 거리' 중에서)

## 사 람 과   거 리 를   두 라

책 나와도 안 봐. 원고지 통째로 넘겨주고 나면 그걸로 끝이야. 보기 싫어. 한 줄
읽으면 이게 문장인가 싶어. 아름다운 문장이라 … 우선 정확해야 하고 무엇보
다 정서의 찌꺼기가 묻어 있으면 안돼. 그럼 아주 천한 느낌이 들거든. 난 천한
게 제일 싫어. 난 강한 놈하고는 싸우는데 천한 놈하고는 안 싸워. 그럼 내가 천
해져야 하잖아. 그런 놈들한테는 질 수밖에 없더라고. 그래서 인간들은 거리가
있어야 해. 멀리 뚝뚝 떨어져 있는게 가장 아름답다고. 난 생의 대부분을 혼자
있으려고 해. 이건 매우 건전한 생각이야. 가장 강력한 삶의 태도랄까. 세상 많
은 시끄러움이 왜 일어나겠어. 그건 다 사람이 홀로 고요히 있지 못해 일어나는

거라고. 난 그래. 홀로 고요히 소설이나 쓰려고. (「emotion」에 실린 김훈의 말 중에서)

'멀리 뚝뚝 떨어져 있는 게 가장 아름답다.' 사람과 사람 사이의 관계의 본질을 이 이상 더 정확히 말할 수는 없다. 거리를 두지 않고서는 아름다움, 존경 등 아무리 고귀한 단어라도 그 본래의 모습을 유지하기 힘들다. 빼어난 미모를 자랑하는 세기의 여배우라도 모근毛根이 보일 정도로 가까이 다가간다면 이미 그 아름다움은 사라지고 만다.

세상의 모든 존경을 한 몸에 받는 유명인사라도 하루 24시간 1년 365일을 그와 함께 하면 그 존경심은 유지되기 힘들다. 먹고 자고 하고 가는 일상적인 모습이야 모든 사람이 다 마찬가지 아닌가. 그러니 사람은 조금 떨어져 있을 때 더할 나위 없이 좋다.

너무 지나치게 모든 사람과 가까워지려 하지 마라. 세상 모든 사람이 그대를 칭찬한다면 그대는 결코 좋은 사람이 아니다. 어찌 모든 사람의 칭송을 받을 수 있겠는가? 그러니 웃으면서 가끔씩 져줘라. 특히 세상에 널려있는 '천한 놈' 들과는 더욱 더 그렇게 하라. 단지 '강한 놈' 과만 싸우라. 조금도 지지 않으려 하고, 한 치의 양보도 하지 않으려 하고, 호가호위狐假虎威를 당연하게 생각하는 그런 사람이 얼마나 많은가. 명심하라. 그런 사람일수록 더 공격적이다. 그래서 그들은 잠시 고개를 숙이는 것이, 짐짓 뒤로 물러나는 것이 때로는 얼마나 귀한 것인지를 모른다. 똥은 똥일 수밖에 없다. 품격

있는 삶은, 그러니 사람과의 거리에서 나온다.

## 시 장 과   거 리 를   두 라

처음에 지수 1500 포인트쯤에서 대충 공부하고 주식에 투자를 했지요. … 처음에는 수익이 났습니다. 그러다 신용거래를 알았습니다. 역시 사람의 욕심이란 게 100만 원이 있으면 1000만 원을 만들고 싶고 1억 원이 있으면 10억 원을 만들고 싶더라구요. … 2000포인트 갈 때까지는 수익이 났습니다. 그러다 폭락이 오더군요. 뉴스에선 저가매수 기회다, 뭐 개구리가 높이뛰기 위해 움츠리는 거다, 그러더군요. 그래서 전 적금까지 깨면서 신용융자 쓰면서 투자를 했지요. 다음 날 사이드카, 서킷브레이커까지 걸리면서 떨어지더군요. … 어느새 제 계좌는 총 2000만 원 투자해서 700만 원이 남더군요. 그 땐 다들 제2의 IMF다 그러면서 내일 당장이라도 미국이 망할 것처럼 그러더군요. 전 그래서 다 팔았습니다. 솔직히 무서웠습니다. 더 손실 날까 봐. 그러더니 그 다음날 사이드카 발동까지 하면서 폭등하더군요. (주식 사이트 '팍스넷'에 실린 어느 투자자의 글 중에서)

존 템플턴. 그는 1939년 제2차 세계대전이 터지자 주당 1달러 미만인 104개 기업의 주식을 100주씩 샀다. 전쟁으로 주가가 폭락한 상황이었지만 언젠가는 회복될 것이라 생각했기 때문이다. 4년 뒤 그가 투자한 돈은 4배로 늘었다.

도대체 주식에 대해 어떤 생각을 가지고 있었기에 그렇게 할 수 있었을까? 그는 말한다. "다른 사람들이 낙담해서 주식을 팔 때는 주식을 사고, 다른 사람들이 탐욕스럽게 주식을 살 때는 주식을 판다. 하지만 그렇게 하기 위해서는 시장과 거리를 두고 기업만 바라보는 엄청난 인내가 필요하다." 4년 간 시장과 거리를 두고 시장의 오르내림을 잊고 지켜보기만 하는 것. 그 능력이 그를 특별한 사람으로 만들었다.

템플턴은 1954년 세계 최초의 해외투자펀드인 '템플턴 그로스 펀드'를 만든다. 이 펀드는 그의 평소 스타일대로 시장과 관계없이 저평가된 기업을 사서 그 기업의 가치가 회복되기까지 기다리는 것으로 유명하다.

이 펀드는 지금도 고수익을 내고 있다. 하지만 그는 1992년 "세계의 영적 성장을 돕는데 삶을 바치기 위해 투자관리를 포함한 모든 사업을 중단한다."고 선언했다. 자신의 삶을 통해 많은 돈을 벌기는 했지만 그것이 살아감의 근본 의미가 아니라는 것이었다. 그래서 사람들은 그를 두고 엄청난 부와 위대한 인격이 공존하는 영적인 투자자라 부른다.

시장과 거리를 둘 수 있는 능력. 투자한 금액이 반 토막이 나더라도 투자한 기업에 대한 자신의 판단이 옳다면 웃으며 그대로 있을 수 있는 능력. 그런 능력이 없다면 주식투자에 나서지 않는 것이 좋다. 역설적이지만, 그 능력마저 사람 됨됨이에 좌우된다.

# 자 기  자 신 과  거 리 를  두 라

청량리 시장에서 노숙자들에게 밥을 퍼 주고 있을 때의 일입니다. 어느 분과 사
소한 말다툼을 했는데 갑자기 그 분이 제 얼굴에 침을 뱉었습니다. 순간 '욱' 하
는 기분이 되더군요. 한바탕 해야 되겠다는 생각이 절로 들었지요. 하지만 제가
하나님께 큰 은혜를 받은 것 중의 하나가 바로 그 순간에도 그 분노가 행동으로
옮겨지는 그 사이를 가급적 길게 하려고 애를 쓴다는 겁니다. 그 사이가 길어질
수록 분노의 기운은 약해지고 그저 담담하게 그 상황을 처리할 수 있게 됩니다.
(최일도 목사의 말을 수정 인용)

"목사님이니까 그럴 수 있지." 그래, 그렇게 말할 수도 있겠다. 그
렇다면 목사님처럼 하나님의 은혜를 입지 못했다면 다음과 같이
대처하는 것은 어떨까.

　'상대방이 나에게 준 모욕이나 휘둘림은 내가 그것을 받아들이
지 않는 한 결코 내 것이 될 수 없다. 받지 않은 선물은 상대방의 것
이지 내 것이 아니지 않은가.'

　줌과 받음의 거리. 분노와 그 분노가 행동으로 이어지는 거리. 그
거리가 있어야 사람은 자신을 다스릴 수 있다. 그러니 자신과도, 자
신의 감정과도 떨어져 있으라. 상대방을 무시하기 위해서가 아니
라, 상대방으로 다시 돌아가기 위해, 상대방과의 올바른 관계를 회
복하기 위해 자신과도 거리를 두라.

# 사 랑 과 도   거 리 를   두 라

진정으로 당신의 연인을 사랑하는가? 그러면 조금 거리를 두고, 가끔씩 그가 혼자 있게 내버려 두라. 누구나 혼자 있는 시간이 있어야 더 깊어질 수 있다. 그런 연후에야 당신을 다시 더 뜨겁게 안을 수 있다. 부부관계라고 다를까? 아무리 사랑하는 가족이 있더라도 남자(남자만을 언급한 것을 용서하라)는 새벽에 창밖을 보며 혼자 있는 시간을 필요로 한다. 그 혼자 있는 시간의 깊이와 폭이 바로 가족에 대한 사랑의 폭과 깊이로 드러난다.

   어디선가 혼자 울고 있을지라도 가만히 내버려 두라. 남자는 자신의 동굴에서 상처를 혼자 치료하기도 하고, 절대자와 이야기하며 자신이 무엇을 하고 있는지 하나하나 되새기기도 한다. 그래서 칼릴 지브란도 전략가답게 다음과 같이 말하지 않는가.

함께 있되 거리를 두라
그래서 하늘 바람이 너희 사이에서 춤추게 하라
서로 사랑하라
그러나 서로 사랑으로 구속하지는 말라
그보다 너희 혼과 혼의 두 언덕 사이에
출렁이는 바다를 놓아두라
서로의 잔을 채워주되

한 쪽의 잔만을 마시지 말라

서로의 빵을 주되 한 쪽의 빵만을 먹지 말라

함께 노래하고 춤추며 즐거워하되

서로는 혼자 있게 하라

마치 현악기의 줄들이 하나의 음악을 울릴지라도

줄은 서로 혼자이듯이

서로 가슴을 주라

그러나 서로의 가슴 속에 묶어두지는 말라

## ㉘ 먼저 비워라

울 안에 들어가서 마음껏 노닐되 이름에 마음이 움직이는 일은 없도록 하여라. 받아들이거든 울고 받아들이지 않거든 그쳐라. 문도 담도 세우지 말고 한 곳에 머물러 무엇이든지 마지못해서 하면 거의 이룰 수 있으리라. 발자취를 끊기는 쉬우나 하늘에 부림을 당할 때 속이기는 어려우며 날개로 난다는 말은 들었지만 날개 없이 난다는 말은 듣지 못했다. 저 아무 것도 없는 곳을 보라. 텅 빈 방이 밝은 빛을 낸다. (장자)

## 한 옥 의   마 당

한국 집의 마당은 정원이 없다. 비어있다. 조그만 나무가 없는 것은 아니나 그 양이 많지 않고, 몇 그루 있다 해도 중앙이 아닌 구석으로 몰려 있다. 그래서 대부분의 경우 한옥의 마당은 텅 비어있다. 이런 한옥의 마당은 다양한 용도로 쓰인다. 결혼식, 약혼식 등 집안의 행사장으로, 작업장으로 때로는 어린이들의 놀이터로 사용되기도 한다. 마당이 이렇게 다양한 용도로 사용될 수 있는 것은 마당이 비어있기 때문이다. … 방으로의 진입은 마당을 통하고 방들도 마당을 중심으로 배치되어 있어 거의 모든 방에서 마당이 보인다. 마당이 있기 때문에 각 방은 방문이 열려있어도 외부로부터 프라이버시를 유지할 수 있다. … 그리고 한옥의 경우 각 방은 마당을 통해 접근할 수 있다. (인터넷에서 발췌하여 수정)

서울 북촌이나 안동의 하회마을에 가면 옹기종기 늘어서 있는 한

옥을 볼 수 있다. 그 한옥에서 가장 두드러진 것은 그냥 '아무 용도도 없는 것처럼' 비어 있는 마당이다. 구름 한 점 없는 어느 가을 날, 그 마당에 서서 고개를 들면 하늘로 뻗어있는 뒷집의 느티나무가 보이기도 하고, 저 멀리 의연히 서 있는 산자락이 보이기도 하고, 다시 고개를 위로 더 치켜들면 튀기면 튕겨 나올듯한 하늘이 보이기도 한다. 아무 용도도 없는 듯한 그 마당이 사실은 한옥의 중심이다. 아무 것도 하지 않고, 아무 쓸모가 없는 듯하면서 사실은 가장 중요한 것이다.

마음은 마당이다. 아니 마음은 마당이 되어야 한다. 세상의 부조리에 화가 나 있더라도 손자의 재롱에 그 화를 잊고 웃을 수 있는 것처럼, 마음은 어느 하나에 매여 있지 않아야 한다. 무례하게 끼어드는 옆 차 때문에 기분이 엉망이 되더라도, 살짝 눈을 돌리면 세상의 어디와도 비할 바 없는 하늘 때문에 새로운 기분이 되듯, 마음은 어느 한 곳에 고정되어 있지 않아야 한다. 매여 있지 않고 고정되어 있지 않다는 것은 언제라도 비울 수 있어야 한다는 것을 말한다.

언제라도 비울 수 있어야 한다는 것은 지금 마음을 차지하고 있는 것이 사실은 오래 계속되지 않는다는 것, 생각하는 이상으로 그리 중요하지 않을 수 있다는 것, 자신의 삶 자체를 걸 정도의 가치가 없다는 것을 의미한다. 한옥의 마당에서 이루어지는 모든 행사가 다 중요하지만 역설적으로 어느 것도 중요하지 않다는 말이다.

한옥의 마당이 그 비어있음으로 항상 새로운 일을 하듯, 마음 역시 그 자체를 비움으로써 새로운 일에 다가설 수 있다. 그러니 채우기 위해서는 비워야 하고, 비어있어야 채울 수 있다는 말은 그저 하는 말이 아니다.

## 빈　배

배로 강을 건널 때 빈 배가 떠 내려와서 자기 배에 부딪히면 비록 성급한 사람이라 하더라도 화를 내지 않는다. 그러나 그 배에 사람이 타고 있다면 비키라고 소리친다. 한 번 소리쳐 듣지 못하면 두 번 소리치고 두 번 소리쳐서 듣지 못하면 세 번 소리친다. 세 번째는 욕설이 나오게 마련이다. 아까는 화내지 않고 지금은 화내는 까닭은 아까는 빈 배였고 지금은 사람이 타고 있기 때문이다. 사람이 자기를 비우고 인생의 강을 흘러간다면 누가 그를 해칠 수 있겠는가 (신영복의 『강의』 중에서)

비어있는 배를 보고 시비를 걸거나 화를 낼 사람은 없다. 그 시비와 화가 공중으로 사라지기 때문이다. 그래서 항상 자신의 배를 비우고 다닌다면, 아니 자신이 바로 비어있는 배 자체라면 지극히 안전하다. 누구도 시비를 걸지 않기 때문이다. 바로 그 비어있음이 자기를 보호하기 때문이다. 하지만 항상 비어만 있다면 그 배의 가치는 무엇일까.

　　허주虛舟 김윤환. 생전의 그는 킹메이커였다. 자신이 대통령이 될 생각은 하지 않으면서 노태우, 김영삼 두 대통령을 탄생시키는데 큰 역할을 담당했다. 자신이 스스로 킹이 될 생각을 하지 않았다는 점에서 그는 그의 호가 지니는 의미대로 '빈 배' 였다. 그러니 비어 있는 배로서의 허주는 두 대통령을 태울 수 있었다. 그의 입지도 튼 튼했음은 물론이다. 하지만 마지막으로 자신의 배에 태우려 했던 한 사람은 오히려 그 배를 거절했다. 결국 그는 새 정당을 창당해 그 결정에 저항했으나 역부족이었다.

우리 정치사의 한 아이러니다. 외람되지만 그는 너무 비어있었기에, 너무 채우려하지 않았기에 오히려 자신의 역할을 다하지 못한 게 아닐까. 비움은 채움을 전제로 할 때, 채움은 비움을 전제로 할 때 더 빛난다.


## 기 자 와    비 간


주왕이 신하들과 주연(酒宴)에 빠져서 날짜 가는 줄 모르고 있었다. 어느 날 그 주왕이 신하들에게 날짜를 물었다. 그러나 아는 사람이 아무도 없었다. 그러자 왕은 사람을 시켜 현명하다는 기자(箕子)에게 물어보라고 했다. 기자는 왕이 그런 걸 물어 온 것에 놀랐다. 하지만 기자는 태연하게 "천하의 주인이 되는 사람과 온 나라가 날짜를 잊으면 천하가 위태롭게 될 것이다. 그리고 온 나라가 모두 모르는데 나만 혼자 그것을 안다면 나 자신이 위험할 것이다."라며 자신도 술에 잔뜩 취해서 알지 못한다고 대답했다. 반면, 비간(比干)은 주왕이 정사를 돌보지 않고 음란한 행동을 일삼자 목숨을 걸고 충언을 했다. 그러자 주왕은 "성인의 심장에는 일곱 개의 구멍이 있다고 들었다."며 그의 가슴을 잘라 심장을 꺼내 보았다. 물론 기자는 미친 척하여 노비가 되었다. (한비자에 실린 일화를 재인용)

많이 알고, 많이 경험하고, 그것을 다른 사람들도 안다는 것은 힘이다. 그렇지 않은가. 박사학위를 따려 하고, 높은 자리에 올라가려 하고, 더 많이 가지려 하는 것이 인지상정이다. 하지만 그것은 자기를 빈틈이 없도록 가득 '채우는' 수단에 불과하다. 많이 채울수록 더 좋은 것으로 생각한다.

그렇지만 가득 채운 것을 정말 제대로 사용하기 위해서는 그 채움과 채움 사이에 빈 공간이 있어야 한다. 빈 틈이 있어야 한다. 그러지 않고서는 그 채운 것을 끄집어 낼 수 없다. 비간은 가득 채우기만 한 사람이었고, 기자는 가득 채웠지만 그 채움 사이에 여백이 있는 사람이었다. 대 전략으로 가득 찬 주역은 이미 그것을 알고 다음과 같이 말한다.

'밝음이 땅 속으로 사라진 것이 명이明夷다. 안으로 장식과 지혜를 감추고 밖으로 부드럽고 순종하니 큰 어려움을 견뎌냈다. 문왕이 그러했다. 어려움에 처했어도 자신의 뜻을 굳게 지킴이 이롭다는 말은 그 밝은 지혜를 감추라는 말이다. 안으로 어려움에 처했으면서도 그 뜻을 올바르게 지켜낼 수 있다. 기자가 그러했다.'

# 어 느 맑 은 날

항룡유회亢龍有悔. 하늘 끝까지 날아 오른 용은 후회한다. 양초로 만들어진 날개를 가지고 있는 이카루스처럼 너무 높이 날아오르면 추락하기 쉽다. 80% 정도 오르는 것. 대 전략가들은 그렇게 이야기한다. 그 정도로 오르면 족하다. 자신에게 가장 맞는 자리는 자기의 능력을 다하기에 조금 모자란 자리다. 자리가 자기보다 크면 그 빈 공간에 억지, 무리, 과장이 들어선다. 그래서 자신을 망친다.

비움은 채움을 전제로 할 때, 채움은 비움을 전제로 할 때 더 빛난다. 맞다. 맞는 말이다. 하지만 지금 이 시대는 비움보다는 채움을 너무 강조하니 차라리 지금은 비움과 채움의 순환을 강조하기보다 비움과 비움의 의미를 더 말하고 싶다.

서른 개 바퀴살이 하나의 바퀴머리에 모인다.
그 바퀴머리의 비어있음에 수레의 쓰임이 있다
찰흙을 빚어 그릇을 만든다
그 그릇의 빔에 그릇의 쓰임이 있다
문과 창을 뚫어 방을 만든다
그 방의 빔에 방의 쓰임이 있다 (노자 도덕경)

**전략 29** # 고통 속에서도 희망을 보라

죽을 각오를 단단히 하시오. 그러면 죽든 살든 마음이 한결 가벼워질 테니까. 삶에
대해서 이렇게 생각해요. 내가 삶을 잃는다면 바보들이나 간직하려는 것을 잃는 것
이라고. 삶이란 한 숨결에 지나지 않는 것. 하늘의 감응에 얽매여 잠시 빌려준 육신
으로 시시각각 번뇌만이 찾아드는 것이 바로 삶이요. 삶은 죽음의 노리개에 불과한
것. … 삶이란 용감하지도 못해. 한낱 벌레의 가느다란 침마저 두려워하니까. (셰익
스피어 「자에는 자로(Measure for Measure)」중에서)

## 희 망 은   있 다

교수님의 마지막 수업에서의 말씀을 듣고도 높은 곳을 향할 수 있을지에 대해
서는 솔직히 거의 불가능하다고 생각합니다. 제 상황은 솔직히 시쳇말로 최악
입니다. 제가 공무원을 하다가 때려치운 게 97년. 그 뒤 다시 대학에 들어왔습니
다. … 부모님의 장사는 망하고, 결국 집은 경매로 넘어갔고, 부채는 늘어날대로
늘어나 갚을 수 있을지도 의문이고, 속수무책으로 빈털터리에 파산자가 된 저
희 부모님. 또한 연대보증으로 저희 누님과 저는 신용불량자가 된 처지입니다.
제 나이 서른 둘. 한국에서는 아무 것도 할 수 없는 나이인데다, (교수님도 알다
시피) 최근에 교통사고를 당해 수술을 받아야 할 처지에 놓여있습니다. … 사글
세방을 전전하는 처지에 졸업은 너무 사치가 아닌지요. 빚이 어떻게 될지도 모
르는 처지에 이제 희망이 안보입니다. 제게도 위를 볼 권리가 있을까요? 제가
죽을 권리조차 있는지 모르겠습니다. (제자가 보낸 이메일에서 발췌 인용)

제자의 이메일을 함부로 인용하는 것은 예의가 아니지만 결례를 무릅쓰고 인용하는 것은 편지를 받았을 때의 충격이 보통이 아니었기 때문이다. 어려운 처지에 있는 사람들은 한 둘이 아니다. 그래서 어렵다고 하소연하면 "너 보다 더 어려운 사람은 없는 줄 아느냐"고 쏘아부칠 수 있다.

하지만 30대 초반에 들어선 이 학생, 아니 이 남자의 인생은 어떤가? 자신을 포함한 모든 가족이 사실상 경제적 파산 상태다. 게다가 자신은 교통사고까지 당해 몸마저 불편한데, 아직 대학도 졸업하지 못했다. 아니 대학을 졸업하더라도 한국이라는 나라는 이런 남자에게 호의적이지 않다는 걸 그는 체험적으로 알고 있다. 대한민국에서 공무원으로 몇 년쯤 근무하면 이런 것은 금세 알 수 있지 않은가. 오랫동안 가슴을 아리게 했던 것은 '매번 찾아오는 통증보다 더 무서운 것은 바로 희망이 안보인다는 사실입니다.' 라는 그의 고백이었다.

한 개인의 바닥이란 바로 이와 같은 상태를 두고 하는 말이 아닐까. 그리고 한 번 그런 바닥을 경험한 사람은 '죽는 것 보다 더 괴로운 상황'이 있을 수 있음을 안다. 그러니 죽을 각오를 하고 살아보라는 말은 아무런 위안이 되지 않는다. 그냥 가만히 지켜보는 것이 최선일 수밖에 없다. 호흡을 멈추는 육신적 죽음을 택하지 않는 이상, 언젠가는 어느 정도 헤어나오기 마련임을 알기 때문이다. 그러나 그 바닥에서 어느 정도 몸을 일으켜 세울 때 그 때는 반드시 한 마디 해야 한다. "너는 이미 한 번 죽은 몸이다."

## 한 번 죽어 보라

부산의 코스닥 상장업체인 (주)아이즈 비전이 끝내 부산을 떠난다. 아이즈 비전 임채병 대표이사 부회장은 13일 "부산에선 더 이상 사업을 확장하거나 신규사업을 할 가능성이 없다고 판단했다"면서 "부산의 전 직원들에게 올 연말까지 서울지사로 근무지를 이동할 것을 통보했다"고 밝혔다. … 아이즈비전 측은 "직원들이 서울로 이전하고나도 건물관리를 비롯한 최소한의 인원이라도 남아 본사를 지킬 것"이라고 말하고 있으나, 본사 사옥도 이미 부동산 시장에 매물로 내놓은 것으로 알려져 이번 직원 이동이 부산에서 완전히 철수하는 조치의 일환으로 풀이된다. … 부산 상공업계의 한 관계자는 "부산에서 잔뼈가 굵은 부산 기업이 회사 규모를 키워 부산을 떠난다니 축하를 해야 할지, 손가락질을 해야 할지 가늠을 못하겠다"고 말했다. (부산일보에서 인용)

이 부산이라는 도시, 아니 부산 뿐만 아니라 대구, 광주와 같이 한 때 잘나가던 지방의 도시들에 희망이 있을까? 어설픈 통계자료를 들이밀어 그러니 그렇지 않느니 하는 논쟁을 벌일 생각은 없다. 그 대신 '서울사는 사람이 자기 처에게 부산으로 이사 가자고 하면 이혼감'이라는 우스개 아닌 우스개가 이 논쟁에 대한 종지부가 될 수 있다. 그저 농담일 뿐이라며 흘려버릴 수도 있다. 하지만 한편으로 이 농담은 부산 시민이 서울과의 격차를 어떻게 생각하고 있는지 정확히 보여주는 것이다. 그래서 부산은 바닥이다. 대구도 광주도 마찬가지다. 더 이상 내려갈 곳이 없다. '기후 좋고, 물가 싸고, 인구는 줄어들고 집값은 계속하여 싸지니 얼마나 살기 좋고 쾌적한 도시인가' 라는 말은 정말로 역설이다.

부산에 그리고 지방에 희망이 있을까? 누가 무엇이라 대답하건 한 가지 사실은 분명하다. '부산(지방 도시)은 이미 한 번 죽었다.'

## 회 복 의    조 건

주자는 말한다. '두텁게 쌓인 음의 기운 아래에서 양의 기운 하나가 다시 살아나니 천지가 만물을 낳는 마음이다. 거의 사라지는 듯하더니 이에 이르러 비로소 다시 보게 된다.' 이것이 바로 주역에서 말하는 복復 괘의 의미이다. 망한 것처럼 보여도, 다 사라진 것처럼 보여도, 회복의 불씨가 전혀 없는 것처럼 보여도, 어딘가에서 작은 불씨 하나가 자라날 수 있고, 그 불씨가 제대로 기운을 얻기만 하면 모든 것이 다시 회복될 수 있다는 뜻이다. 그러니 주역에서 말하는 복은 희망이라고는 보이지 않는 상태에서 희망을 찾아볼 수 있는 마음의 상태를 의미한다. 역설적으로 희망이라고는 전혀 보이지 않는 그 상태가 바로 희망의 싹을 품고 있는 상태라는 것이다.

그러니 죽을 때는 정말 분명하게 죽어야 한다. 절망과 고통의 수

렁에서 서투르게 허우적거리지 말고, 가슴과 머리로 다가오는 그 죽음의 순간순간들을 하나하나 기억해 나가야 한다. 사업이나 투자에 실패해 막대한 빚을 졌는가? 한적한 곳을 걸으며 자신에게는 그래도 볼 수 있고, 들을 수 있고, 고통을 느낄 수 있는 육신만큼은 남아있다는 사실을 절절히 느껴보라. 그게 바닥이고, 그게 죽음이다. 말 못하게 괴롭다면 육신이 사라지는 순간을 상상해 보라. 잊어버리지 말고, 아무리 괴롭더라도 언젠가는 우리가 죽는다는 것을, 이 육신의 굴레를 벗어난다는 것을 기억하라. 그리고 이 생의 권리와 의무를 다하라.

죽어가고 있는 부산. 그 의미를 가슴 깊이 새기라. 수도권이라는 후배가 커 나가는 것을, 한 때는 자웅을 겨뤘던 서울이 더 번성해 나간다는 것의 의미를 가슴에 새겨라. 변하지 않았던 부산이 얼마나 큰 대가를 치르고 있는지 한 올 한 올 가슴에 새겨라. 그리고 바로 그 때 해운대와 센텀시티에서 부산국제영화제와 벡스코를 매개로 부활의 싹이 트고 있는 모습을 두 눈 부릅뜨고 지켜보라.

## 기 다 림 의    자 세

진실로 진실로 내가 그대를 사랑하는 까닭은 내 나의 사랑을 한없이 잇닿은 그 기다림으로 바꾸어버린 데 있었다. 밤이 들면서 골짜기엔 눈이 퍼붓기 시작했다. 내 사랑도 어디쯤에선 반드시 그칠 것을 믿는다. 다만 그 때 내 기다림의 자세를 생각하는 것 뿐이다. 그 동안에 눈이 그치고 꽃이 피어나고 낙엽이 떨어지고 또 눈이 퍼붓고 할 것을 믿는다. (황동규의 「즐거운 편지」중에서)

황동규의 시에서 '사랑' 이라는 단어를 고통이나 괴로움으로 바꾸면 어떨까? 모든 것이 순환하는 원리가 분명히 드러나지 않는가? 그러니 최선을 다하며 기다려 보라. 모든 것은 지나가지 않는가? 단지, 죽어가는 그 순간에도 바로 거기에 희망과 부활의 싹이 있다는 것만을 기억하면 된다.

죽음을 뛰어넘어라

나 하늘로 돌아가리라. / 새벽빛 와 닿으면 스러지는
이슬 더불어 손에 손을 잡고, / 나 하늘로 돌아가리라
노을빛 함께 단 둘이서 / 기슭에서 놀다가 구름 손짓하면은
나 하늘로 돌아가리라 / 아름다운 이 세상 소풍 끝내는 날
가서, 아름다웠더라고 말하리라 (천상병 시 '귀천(歸天)' 전문)

## 3 0 년 + α 의  삶

"지금 네 나이가 28세니까 앞으로 열심히 사회적으로 활동할 수 있
는 나이는 평균적으로 30년이다. 30년 뒤에 어떤 활동을 할 수 있는
지는 이 30년 동안 네가 어떻게 활동하느냐에 달려 있다. 즉, 네가
하기에 따라서는 사회활동을 할 수 있는 나이가 30년을 넘어설 수
도 있고 그렇지 않을 수도 있다. 그러니 앞으로 30년의 삶을 어떤
형태로 살아야 할지 계획해야 한다. 너무 막연하면 30년의 삶을 세
등분하여 10년 단위로 계획하고 그 10년마다 자신의 삶을 돌이켜
볼 수 있는 기회를 가져야 한다. 한 가지 분명한 것은 10년 뒤, 20년
뒤, 30년 뒤 자신의 모습을 그리지 않고서 자신이 바라는 삶을 살

가능성은 극히 희박하다는 것이다."

졸업을 앞두고 그 어려운 취업문을 뚫은 제자에게 하는 말 치곤 가혹할 수 있다. 하지만 지금 이 때가 아니면 언제 이런 말을 할 수 있으랴? 내친 김에 더 나아갔다. "성공적인 삶이란 30년 동안 네가 가정생활, 개인생활, 사회생활에서 무엇을 꿈꾸고 그 꿈을 이루기 위해 어떻게 계획하는가에 달려 있다."

때 아닌 설교가 되었지만 제자의 눈은 초롱초롱하니 내가 하는 말 한 마디 한 마디를 가슴에 담고 있었다. 자신은 막연히 3년 뒤 5년 뒤의 목표를 가지고는 있었지만 인생 전체를 관통하는 꿈과 계획을 세워본 적이 없다고 했다.

하지만 그 제자의 다음과 같은 질문이 내 가슴을 때렸다. "교수님은 사회에 나설 때 이렇게 계획을 세우셨습니까?" 실망스럽게도 "아니다."라고 답할 수밖에 없었다. 아무도, 누구도, 어떤 사람도 사회에 첫 발을 디디는 나에게 인생을, 삶을 계획하고 꿈꾸라고 말하는 사람은 없었다. 나침반 하나, 인도자 하나 없는 캄캄한 어둠 속을 그럭저럭 헤치고 온 셈이다. 더 나은 삶, 더 가치 있는 삶을 계획하고 그렇게 하기 위해 더 노력해야겠다는 생각을 하기 시작한 것은 내가 사회에 발을 디딘지 10년이 더 지나서였다. 그 때부터 계획과 설계가 시작되었고 그리고 겨우 혹은 다행히 이 자리에 섰다.

제자에게 말한 대로라면 나는 이제 '10년+α'의 삶이 남은 셈이지만, 내 직업대로라면 '14년+ α'의 삶이 기다린다. 그래서 이 새벽 아무도 나와 있지 않은 연구실에서 다시 내 삶을 계획하고, 꿈꾸고, 그러면서, 사회에 첫발을 디디는 제자처럼 다시 마음을 가다듬는다.

## 노 와 겸

나는 주역周易 혹은 역경易經을 알지 못한다. 그런 어려운 경전의 교훈들을 다 이해하는 척 할 배짱 또한 나에게는 없다. 그저 귀동냥 눈동냥으로 주역의 기본적인 가르침을 다음과 같이 이해하고 있을 뿐이다. '좋은 일에는 나쁜 일이 따를 수 있고, 나쁜 일에는 좋은 일이 따를 수 있으니 삶은 쉴 없이 변하는 것이다'. 조금 더 우화적으로 말하면 '쥐구멍에도 볕들 날 있다'는 것이다. 그래서 주역을 가볍게 이해하면 이런 질문이 나올 수 있다. "이런 변화무쌍한 세계, 좋은 일이 나쁜 일이 될 수 있고, 나쁜 일도 다시 좋은 일이 될 수 있는데 일은 해서 무엇하고, 계획은 세워서 무엇하고, 꿈은 꾸어서 무엇하나?"

이런 엉뚱한 질문에 역경은 단 두 마디로 답한다. 노勞와 겸謙. 우선 노. 어느 때든지, 무슨 일이 벌어지든지, 어느 상황이든지, 어디에 처해있든지 항상 부지런하고 노력해야 한다. 땀을 흘려 일하고, 기쁨으로 씨앗을 뿌리고, 자기의 마음을 다해 노력하고 또 노력해야 한다. 변화와 흥망성쇠는 이 노의 행위 앞에 잦아든다. 그리고 그런 행위는 겸의 기치 하에 해야 한다. 마음을 비우고, 겸손하고, 자신의 공적을 자랑하지 않고, 조심스러워하고, 자신보다 타인을 높이는 그런 자세를 가져야 한다. 이게 덕이 있는 사람의 경지다.

열심히 노력하고 겸손하라는 것. 전략과 비전 그리고 협상을 가르치고 연구하면서 나는 열심히 노력하고 겸손하라는 것, 이 이상의 전략과 비전 덕목을 찾지 못했다. 얼마나 단순한가? 하지만 이 단순함 속에 '감히' 세상살이의 진실이 숨어있지 않을까? 나는 그렇게 느끼고 있다.

열심히 노력하는 것은 앞으로 나아가는 것이고, 겸손하라는 것은 때를 보아 물러날 때를 안다는 것이다. 열심히 노력하는 것은 계획을 세워 꿈을 이루어 나가는 것이고, 겸손하라는 것은 그 계획과 꿈이 어려움이 처할 때 다시 방향을 바꿀 수 있다는 것을 말한다. 열심히 노력하는 것은 자신의 모든 것을 던져 일해야 한다는 뜻이며 겸손하라는 것은 그것이 또 하나의 집착이 될 때는 그것마저 비울 수 있어야 한다는 뜻이다.

'30년+α'의 삶을 말한 제자에게 열심히 노력하고 겸손하라는 평범하기 짝이 없는 말을 했다면 어떤 반응을 보였을까? 내가 아는 대 전략가들은 이 두 말을 정말 가슴 깊이 새긴 사람들이다. 집착하지 않으면서 최고의 성과를 거둔 비결이 바로 이것이다. 하지만 그들은 성공의 비결로 한 가지를 더 말한다. 죽음, 바로 그것이다.

## 우 리 는   모 두   죽 는 다

커다란 울음을 스스로 터뜨리며 태어날 때와, 다른 사람들의 흐느낌을 들으면서 영원히 잠드는 때에는 무슨 차이가 있을까? 아무 차이가 없다. 진부한 말이지만 아무 것도 없이 왔다가 아무 것도 없이 그대로 간다. 그러니 협상이니, 전략이니, 비전이니 하는 것도 태어남과 죽음이라는 이 두 시간 사이를 메우기 위한 작은 방편일 수 있다.

경제학에서 불황 극복을 위한 정부 개입의 정당성을 이론적으로 확립한 케인즈는 장기長期와 단기短期를 구별하면서 '장기적으로 결국 우리는 모두 죽는다In the long-run, we are all dead' 는 유명한 말을 남긴 바 있다. 단기적으로는 정부의 모든 정책이 효과를 발휘할 수 있지만 장기적으로는 성장의 원동력을 확보하는 것 이상의 정책은 있을 수 없다는 말이다. 하지만 그 말을 그는 '장기적으로 우리 모두 죽는다' 는 비유로 제시한 것이다.

장기적으로 우리 모두는 죽는다. 그래서? 그래서 어쩌라는 말인가? 대 전략가와 일반인은 이 명제를 받아들이는 자세에서 차이가 난다. 대 전략가는 이 말을 사물과 사건을 다르게 파악할 수 있는 '지평의 관점' 에서 이해하지만 일반인은 허무와 허탈이라는 '자기도피와 합리화의 관점'에서 이해한다. 쉽게 말해 대 전략가에게 죽음은 자신의 삶을 다시 돌이키는 계기나 모티브가 되지만 보통의 사람들에게는 그렇지 않다는 것이다.

장기적으로 우리 모두는 죽는다. 당신에게는 이 말이 어떤 의미를 가지는가?

## 삶 을  넘 어  죽 음 을  넘 어

첫 번째 기도. 하나님이여 저는 당신의 활입니다. 저를 힘껏 당겨주십시오. 두 번째 기도. 하나님, 그러나 너무 힘차게 당기지는 마십시오. 부러질까 두렵습니다. 세 번째 기도. 하나님, 그냥 힘차게 당겨 주십시오. 저는 당신의 것이니 부러진들 무엇이 두렵습니까? (니코스 카잔차키스의 「영혼의 자서전」 중 '신께 드리는 세 가지 기도')

누구나 '30년+α'의 삶을 산다. 그리고 누구나 죽음을 맞이한다. 그 삶과 죽음의 사이가 어떠할지는 전적으로 자신에게 달려 있다. 역설적이지만 '30년+α'의 삶을 위해 죽음이 필요하고, '30년+α'의 삶이 가지는 진정한 의미를 깨닫기 위해 죽음이라는 종착역이 필요할지 모른다.

하지만 그렇기 때문에, 아니 그럼에도 불구하고 '30년+α'의 삶을 카잔차키스의 세 번째 기도처럼 꾸려가고 싶은 마음이 저 깊은 곳에서 솟아오를 때가 있다. 협상, 비전, 전략은 중요하다. 하지만 그것은 삶을 위해서고 그 삶은 역설적으로 죽음을 위해서다. 더 큰 역설은 위 세 가지 기도와 같은 자유와 헌신과 열정의 삶은, 삶과 죽음을 뛰어넘음으로써만 가능하다. 그럴 때 이 세상의 삶은 소풍 일 수 있지 않겠는가.

## |에필로그| 감동과 모험으로서의 삶

살아간다는 것은
너를 끝없이 그리워한다는 것
뛰어넘고 싶으나 그럴 수 없는 섬 사이처럼

땅의 마지막
하지만 너를 다시 사랑할 수 있는 시작을 본다
그러니
나에게는 끝이 아니다

사랑한다
끝과 시작의 사이에서까지
(필자가 쓴 '땅 끝에서'의 전문)

## 감 동 으 로 서 의   삶

1992년 10월 14일, 한국시리즈 5차전, 잠실 구장, 관중수 31,800명. 3승 1패로 절대적 우위에 있던 롯데 자이언츠가 시리즈를 잠실로 옮겨 빙그레에게 마지막 일격을 가했다. 잠실 구장은 외야의 빙그레 응원석까지 점령한 롯데 팬들로 가득했고, 롯데 타선은 1회부터 맹공을 퍼부어 3회 초까지 4:0으로 리드했다. 구원 등판한 송진우는 롯데의 추가 득점을 차단하며 호투했으나, 빙그레 타선의 득점은 2점에서 멈췄다. 롯데의 2루수 박정태는 빙그레의 마지막 타자가 친 타구를 잡아 1루에 있던 주자를 2루에서 포스 아웃 시키며 두 손을 번쩍 들어 롯데 자이언츠의 두 번째 (한국시리즈) 우승을 알렸다. (1992년 한국시리즈의 기록)

1992년 가을. 프로야구 한국시리즈 제5차전. 우승을 결정짓는 마지막 모선을 취한 야구선수가 오른 손을 하늘로 들어 올린 채 얼굴 가득히 주체할 수 없는 웃음을 온 사방에 뿌린다. 악바리 혹은 오뚝이로 불리던 박정태 선수였다. 시즌 내내 온갖 부상에 시달렸고 그래서 그 날도 온전치 못한 몸으로 시합에 나섰는데 드디어 안타 하나로 그토록 바라던 한국시리즈 우승을 일궈냈으니 어찌 기쁘지 않을 수 있겠는가. 더구나 팀은 시리즈 3위로 간신히 플레이오프에 진출했는데 예상을 뒤엎고 겨우 다섯 번의 시합(5차전)으로 한국시리즈 우승을 하게 되었으니 그 소감을 어찌 말로 표현할 수 있으랴.

TV 화면을 가득 채우던 그의 빛나게 웃던 얼굴을 나는 아직도 기억한다. 그리고 그 때의 내 생각을 아직도 기억한다. '아, 사람이 저토록 기뻐할 수 있구나. 아니 사람이 저처럼 감동어린 순간을 가질 수 있구나.' 그리고는 말로 표현할 수 없는 격정이 가슴 속에서 치밀어 오르는 것을 느낄 수 있었다. '아! 저런 감동을 나도 한 번 느껴봤으면. 저런 감동의 순간을 나도 한 번 가져봤으면. 사람들이 무

어라 하건, 내 여건이 어떻건, 살아가면서 저런 눈물어린 감동의 순
간을 한 번 가져봤으면.'

1992년 가을. 서울 숙대 앞의 청파동 한 제과점에서 당시 30대 중
반이던 내가 느낀 감회였다.


## 모 험 으 로 서 의   삶

솔직히 지금 저의 심정은 지향점 잃은 난파선과 같습니다. '어떻게 살 것인가'
라는 물음은 너무도 고상하여 범접하기 힘듭니다. '무얼 먹고 살 것인가, 무얼
해야 그래도 네 식구 안온하게 살까' 가 지상최대의 과제일 뿐입니다. 하지만 가
슴 밑 어딘가에는 애초에 가졌던 나의 꿈이 꿈틀거립니다. 내가 하고 싶은 일,
내가 꿈꾸는 그 일에 대한 무한한 욕구를, 그것마저 부인하고 싶진 않습니다. 그
런데 제 딸들과 집사람이 눈에 아른거립니다. (어느 독자의 편지 중에서)

먼저 양해를 구한다. 편지를 보낸 독자의 허락을 얻는 것이 순서이
긴 하지만 이런저런 여건 때문에 익명을 전제로, 한 부분만을 발췌
하기로 한다.

1993년 가을. 나는 해외유학을 떠났다. 구차하게 공부하는 것의
힘듦을, 그것도 해외에서 공부하는 것의 힘듦을 이리저리 말할 생

각은 조금도 없다. 다들 그런 관문을 통과해왔기 때문이다. 하지만 그 어려움을, 그 첫 일 년의 어려움을 어떻게 이겨낼 수 있었던 지에 대해 조금 말하고 싶다.

그 날은 일요일, 즉 주일이었다. 여느 때와 같이 새벽에 연구실로 가 공부를 하다 다시 집으로 돌아와 가족과 함께 예배를 보러갔다. 예배가 끝나자마자 허둥지둥 연구실로 돌아오는데 (오후에 연구실에서 공부를 하지 않으면 불안해서 견딜 수가 없다), 학교의 주차장에 차를 세우자마자 말로 표현할 수 없는 감회가 나를 엄습해왔다. '내가 왜 이런 고생을 사서 하나' 하는 생각이 그것이었다. 한참을 그런 격한 감정의 소용돌이 속에 있었다. 그러다 나도 모르는 사이에 다음과 같은 한 마디의 말이 나를 다시 천천히 일으켜 세움을 느낄 수 있었다. '눈물을 흘리며 씨를 뿌리는 자는 기쁨으로 거두리로다. (시편 126편 5절)'

"아이고 교수님, 그런 공부하는 어려움이 제가 처한 어려움과 비교가 됩니까?" "맞습니다." 혹은, "아니 교수님, 하지만 교수님은 그 곳에서 먹고 살 걱정은 하지 않았던 것 아닙니까?" "반은 맞습니다." 더 나아가선, "아니 교수님, 생계가 걸린 일하고 공부하는 것하고 어찌 비교가 됩니까?" "맞습니다."

하지만 열 손가락 깨물어 아프지 않은 손가락이 어디 있으며, 자신이 당하는 인생의 괴로움과 어려움 중 절실하지 않은 것이 어디 있으랴. 사람은 모두 자기중심적이다. 그래서 대 전략가들은 이렇게 말하곤 한다. '핑계를 대지 마라. 이런 저런 이유를 대지 마라. 깨끗이 모든 것을 인정하라. 그리고 바로 그 자리에서 한 걸음 더 나갈 준비를 하라.'

어차피 인생은 모험이지 않은가? 그렇다면 그 모험을 감동으로 채울 준비를 하는 게 현명하지 않은가? 단, 한 가지 조건이 있다. 정말 그렇게 생각한다면 한 번, 단 한 번 (신 혹은 당신을 초월하는 더 큰 존재 앞에서) 진하게 가슴깊이 울 준비를 해야 한다. 그게 씨앗을 뿌리는 것이다.

## 다 시  시 작 하 면 서

당신은 무엇이든 자신이 원하는 내용으로 인생이라는 칠판을 채워나가야 한다. 칠판을 지난 날의 짐으로 채워 넣었다면 깨끗이 지워라. 자신에게 이롭지 않은 과거의 모든 일은 지워라. 그 덕분에 현재의 자리에 오게 되었음에 감사하고 새롭게 시작할 수 있음에 감사하라. 과거는 잊어버리고 새로 시작할 수 있다. 바로 지금, 바로 이곳에서. 기쁨을 주는 일을 찾고, 그리고 나아가라! (『The Secret』 중에서)

나는 아직도 꿈꾼다. 인생살이 100년의 반을 겨우 넘긴 나이이기에 잠자리에 들 때마다 그 다음 날 일어날 좋은 일 때문에 깊이 잠들지 못하고, 아침에 눈을 뜨면 그 날 일어날 좋은 일 때문에 잠자리에 오래 누워있지를 못한다. 다가올 모든 좋은 일 때문에 흥분을 가라앉히지 못하고, 그것을 어떻게 하면 주위의 모든 사람들과 함께 나눌까 그 계획을 세우느라 설레는 가슴을 가라앉히지 못한다. 무엇보다 이렇게 보고, 듣고, 말하고, 걷고, 느끼고, 쓰고, 생각하고, 나누고 할 수 있는 모든 '하는' 것이 가능하기에 감사하기만 하다.

이제 이 책의 막을 내릴 때다. 눈썰미 예리한 독자라면 알아차렸겠지만 나는 '협상, 비전, 전략'이라는 기치 하에 사실은 이 세상이 어떻게 변해가고 있으며, 그래서 이 세상을 제대로 누리기 위해 어떻게 하는 것이 좋은가를 이런저런 고전과 일화를 통해 제시했을 뿐이다. 그러니 내가 한 말은 내가 한 것이 아니라 단지 나를 통해 세상에 전달되었을 뿐이다. 단지 내가 하고 싶은 말은 이것이다.

'시작은 끝이고, 끝은 또 다른 시작이다' 그러니 '지금' 시작하라.

최고의 인생을 위한 최선의 전략 30

# 30년 전략

초판 1쇄 인쇄  2008년 5월 1일
초판 1쇄 발행  2008년 5월 6일

**지은이**  김기홍
**펴낸이**  박경수
**펴낸곳**  페가수스

**등록번호**  제25100-2008-000006호
**등록일자**  2008년 3월 5일
**주소**  서울시 광진구 광장동 102 현대골든텔II 1105호
**전화**  02-456-7933  **팩스**  02-6442-7933
**이메일**  soobac@gmail.com

ⓒ김기홍 2008
ISBN 978-89-960917-1-4  03320